Ulrich Klever
Köstliche Mixgetränke

Cocktail, Longdrink,
Punsch & Co. –
mit und ohne
Alkohol. Rat und
raffinierte Rezepte
für Gastgeber
von heute.

Gräfe und Unzer

Köstliche Mixgetränke

Ulrich Klever

Die Einband-Vorderseite zeigt (von links)
Rum-Martini (Rezept Seite 37), Pimm's Nr. 1 Cup (55), Bordeaux-Bitter (60).
Die Einband-Rückseite zeigt (von links)
Irish Coffee (Rezept Seite 92), Ice Cream Soda (89), Nikolaschka (42), Kalte Malve (99), Glühwein für Autofahrer (102).

CIP-Kurztitelaufnahme der Deutschen Bibliothek

Klever, Ulrich
Köstliche Mixgetränke: Cocktail, Longdrink, Punsch & Co. – mit u. ohne Alkohol; Rat u. raffinierte Rezepte für Gastgeber von heute/Ulrich Klever. – 5. Aufl. – München: Gräfe u. Unzer, 1990.

ISBN 3-7742-3236-9

5. Auflage 1990

Redaktion: Susi Piroué
Herstellung: Monika Gerretz
Farbfotos: Fotostudio Teubner
Zeichnungen: Desein Tiem Carl Steinherr
Einbandgestaltung: Heinz Kraxenberger
Druck des Textteils: Buch und Offsetdruckerei Wagner GmbH
Druck des Farbteils: Pera-Druck
Bindung: Großbuchbinderei Monheim

ISBN 3-7742-3236-9

Ulrich Klever,
nach Studium von Zoologie und Ernährungsphysiologie Journalist und Schriftsteller geworden, kam von der Feinschmeckerei zum Kochen. Mit naturwissenschaftlicher Gründlichkeit erarbeitete er sich dieses Gebiet und wurde dank seiner Fähigkeit, komplizierte Dinge einfach und einfache Dinge spannend beschreiben zu können, bald zum vielbeschäftigten Kochjournalisten. 15 Jahre lang schrieb er eine wöchentliche Kochkolumne, zuerst im »Stern«, dann in der »Frau im Spiegel«. Als Fernsehkoch hatte er im ZDF über 300 Kochsendungen. Seine zahlreichen Kochbücher – vielfach prämiert von der Gastronomischen Akademie Deutschlands – wurden fast alle zu Bestsellern.

Wichtiger Hinweis
Alkohol ist ein Genußgift. Wenn Sie die Drinks dieses Mixbuches ohne Reue genießen wollen, lesen Sie bitte unbedingt zunächst das Kapitel »Vom richtigen Umgang mit Alkohol« auf Seite 104. Und bedenken Sie, daß jeder Mensch auf Alkohol individuell reagiert. Vor allem aber: Alkohol ist in keiner Form ein Getränk für Kinder und Jugendliche!
Autofahrer müssen beachten, daß die Alkoholwirkung über viele Stunden anhalten kann, also auch noch in den nächsten Tag hinein.

Inhalt

Inhalt

Die Renaissance der Mixologie

Die Lust am Selbermachen, der immer stärker werdende Trieb, in der Freizeit etwas zu tun, hat sich in der Küche mit Brotbacken, bei den Getränken mit Mixen manifestiert. Beides kann ich aus meiner Erfahrung als Autor bestätigen, aber auch als Gast wird mir der Whisky, Wodka oder Gin nicht mehr pur angeboten, sondern als Drink. Die Hausbar, nicht unbedingt ein Raum oder ein Möbelstück, sondern eine mehr oder weniger gezielte Sammlung von Flaschen, ist wieder gefragt. Wer einen Bordeaux zum Essen schätzt oder einen Portwein als Schlummertrunk vor dem Kamin, der hat sicher auch einmal Lust auf einen Cocktail. Dazu will er nicht unbedingt in die nächste Bar gehen – wissen Sie, wo Ihre nächste Bar ist? –, sondern sich und seinen Freunden zum Beispiel einen Martini mixen wollen. Wenn er ein Mensch von gutem Geschmack ist, wird sein Ehrgeiz erwachen und dieser Home-made-Martini soll perfekt sein. Flasche kommt zu Flasche, die wenigen nötigen Geräte finden sich ein, Gläser gesellen sich dazu, und schon hat man eine Hausbar. Jetzt fehlt nur noch das Buch, denn Mixdrinks sind nicht das zufällige Ergebnis verschiedener zusammengeschüttelter oder -gerührter Flüssigkeiten, sondern erprobte, Regeln unterworfene Rezepte.
Dieses Buch habe ich für Sie geschrieben. Zum erstenmal 1976, als man mit gemischten Getränken erst liebäugelte »im gleichen Maße, wie wir uns für Geist, Mode und Lebensstil der Vergangenheit interessierten«. Zum zweitenmal 1982, stark überarbeitet, mit neuen Rezepten versehen, von denen ein ganzer Teil klassisch ist, und mit einer anderen, kritischeren Einstellung dem Alkohol gegenüber. Ich habe ein ganz persönliches Verhältnis zu den alkoholischen Flüssigkeiten. Als Sohn, Enkel und Urenkel von Schnapsbrennern und Spirituosenhändlern bin ich sozusagen mit jenem Schuß Alkohol in den Erbanlagen aufgewachsen, der das Gefühl und den Geschmack für alle Arten von Getränken verfeinert. Ich finde auch, daß ein Drink entspannt und daß es sich besser unterhält, lebt und lacht mit einem Glas in der Hand. Und diese Ansicht teile ich mit der modernen Medizin: Alkohol ist harmloser und besser verträglich als die meisten Psychopillen. Doch helfe ich Ihnen die gröbsten Fehler zu vermeiden, deren schlimmster die zu hohe Dosis ist, beim einzelnen Anlaß oder im ganzen Leben.
Ich habe dieses Vorwort mit dem geheimnisvollen Wort »Mixologie« überschrieben. Es sollte, als es in den zwanziger Jahren von den Männern hinter der Bartheke für ihre Kunst geprägt wurde, an »Alchemie« erinnern – ein Wissen um die Wirkung der Zutaten und die Kunst, sie richtig zusammenzufügen.
Die Cocktailkultur ist in den zwanziger Jahren entstanden und zwar in den angelsächsischen Ländern. Erich Maria Remarque schrieb außer »Im Westen nichts Neues« auch »Über das Mixen kostbarer Schnäpse«. Die amerikanische Prohibition trug dazu bei, denn nie wurde in den USA so viel und so gepflegt getrunken wie während des Verbotes vom Januar 1919 bis Dezember 1933. Es war die Zeit, in der unzählige Drinks erfunden wurden und in der man eine Sprache entwickelte, die die Arten der Drinks bezeichnete und einteilte. Es ist eine Geheimsprache, deren Begriffe heute noch existieren, doch was sie genau bedeuten, ist noch immer so umstritten wie zur Zeit ihrer Entstehung. Alfred Richard Meyer hat sich in seinem 1929 im Ernst Rowohlt Verlag erschienenen »Des Herrn Munkepunke Cocktail-

Die Renaissance der Mixologie

und Bowlenbuch« mit dieser Entwicklung auseinandergesetzt. Das zweite Gedicht dieser Sammlung heißt »Mixed Drinks«.

Manchen ist Cobbler und Cocktail noch:
die große Sphinx –
Von Coolers, Crustas, Fixes, Fizzes, Juleps,
Flips zu schweigen,
Von Sangarees, Smashes, Shrubs, Slings,
Sours u. a. Drinks.
Diese Kultur Amerikas machten wir uns zu eigen.

Mit dem Manhattan und Martini fing man
schüchtern an.
»Wenn ihr's nicht fühlt, ihr werdet's nicht
erjagen.«
Was uns geshakert, Fuller-serpentinbunt in
uns rann.
Die Zunge ahnte Sinn und lernte zärtlich von
ihm sagen.

Erste Prairie-Oyster, erstmalig Pousse L'Amour –
Hie höchstes Scharf, dort Eigelb-aaliges Gleiten
Zwischen Maraschino und Chartreuse Grün –
die Kur
Konnte aus Trauer und Trübsal wohlig einen
Weg bereiten.

Daß wir der Bar, Barkeeper, seinen Tumblers
dankbar seien,
Der neuen Alchemie sachlichem ABC ergeben,
Im Spiele geistiger Tinten »Dichtung« zu
befreien.
»Am farbigen Abglanz haben wir das Leben!«
Lese erschüttert ich in Goethes »Fäustchen«
eben.

Gern wollen wir darob Mephistos Pferdehuf
verzeihen.

In diesem Buch finden Sie jede Menge Rezepte. Die klassischen Cocktails, die Drinks der großen Bars rund um die Welt, die Longdrinks, die Bowlen und Pünsche, Alkoholisches und Nicht-Alkoholisches. Gute Drinks und gefährliche Drinks und die Erklärung, warum ein Drink gefährlich ist. Damit Sie sich nicht gleich ein großes Flaschenlager zusammenkaufen müssen, zeige ich Ihnen die Möglichkeiten, mit nur 4 Flaschen 70 verschiedene Cocktails und Drinks zu mixen.
Sie lernen, wie ein Drink aufgebaut werden muß, wie man mit Rührbecher und Shaker hantiert, daß die Qualität der Zutaten ein Muß für jedes Gelingen ist und man nicht mit Eis sparen darf.
Einen Rat gebe ich Ihnen ganz vorweg: Servieren Sie Gästen nur Drinks, die Sie selber schon probiert haben, deren Herstellung Sie also beherrschen. Schaffen Sie sich ein ganz privates Drink-Repertoire, das Ihnen besonders gut schmeckt, dessen Zutaten Sie immer im Hause haben und das Sie perfekt mixen können.
Machen Sie es so wie ich: Gehen Sie in die Bars großer Hotels, in Karlchens Bar in Kampen, in Harry's Bar in München oder Venedig oder Paris, um einige zu nennen und zu zeigen, daß ich keine Tanzbars meine. Setzen Sie sich an die Theke und bestellen Sie einen Drink, den Sie auch selber mixen und zu beherrschen glauben. Schauen Sie dem Barmann auf die Finger und probieren Sie mit Bedacht.
Ich mache jedes Jahr auf meiner Urlaubskreuzfahrt intensive Drinkstudien und verbringe viele Stunden an der Bar. Dabei lerne ich viel über Drinks, über Technik, über Moden und über die Menschen, die die Drinks trinken.
Vieles in diesem Buch habe ich so gelernt.
Und nun wollen wir beginnen.

Über den Durst und die Lust des ersten und zweiten Schluckes

Als vor Milliarden von Jahren die Erde Wasser sammelte, bildete dieses mit seiner Fähigkeit, die Wärme der Sonne zu speichern, die Voraussetzung dafür, daß auf unserem Planeten Leben entstand.
Im Meer entwickelten sich die ersten Zellen, die dann zu stark wasserhaltigen Pflanzen, Urtierchen, Weichtieren und Fischen wurden. Diese gingen an Land, und über eine lange Formenreihe wurde der Mensch daraus, der noch immer zu mehr als zwei Dritteln aus Wasser besteht.
An Land haben die Pflanzen ein Saftsystem, die Tiere und der Mensch ein Blutgefäßsystem entwickelt, das in ständigem Kreislauf jede Zelle mit Wasser versorgt. Und in unserem Blut sind die Mineralien Natrium, Kalium und Calcium nahezu im gleichen Verhältnis enthalten wie im Meerwasser. Ohne Wasser gibt es kein Leben.
Die Wichtigkeit des Wassers war schon unseren Urahnen bewußt und sie haben sich immer in der Nähe von Wasser angesiedelt. Da ihnen diese Flüssigkeit aber auch unheimlich war – sie konnte verdampfen oder fest werden, und fest war sie leichter als flüssig, sie fiel vom Himmel und sprudelte in den Himmel – belebten sie sie mit Geistern, Göttern und Dämonen. Da gab es die Nixen und die Wassermänner, den Nöck und die schöne Melusine. Im klassischen Altertum waren die Najaden die Nymphen der Quellen und der fließenden Wasser. Die Römer, Wasser-Feinschmecker par excellence, vertrauten den Quellnymphen die Obhut über jede Quelle an und bauten einfache oder pompöse Brunnen darum, die zweierlei Zwecken dienten: Altar für die Quellnymphe zu sein und das Quellwasser geschützt sprudeln zu lassen.
Zwischenfrage eines praktisch interessierten Lesers: Was haben Quellnymphen und Wasser in einem Mixbuch zu suchen?
Ich bin ein Freund davon, die Praxis durch Wissen zu unterbauen. Und da zu jedem Drink Flüssigkeit gehört (der stärkste Schnaps hat seinen Wasseranteil, Eis ist gefrorenes Wasser) und Durst einen Drink erst schön macht, möchte ich Ihnen ein bißchen Gesprächsstoff für das erste Glas geben.
Können Sie aus dem Stegreif die Frage beantworten: Was ist Durst?
Er ist zunächst einmal das Regulativ für unsere Flüssigkeitsaufnahme. Da wir von unserem inneren See täglich zwischen anderthalb und zweieinhalb Liter an die Außenwelt abgeben, müssen wir die Flüssigkeit ersetzen, wenn wir nicht austrocknen wollen. Wir trinken. Der Durst hat zwei Seiten: eine rein physiologische, die den Wasserhaushalt des Körpers regelt, und eine psychologische – Trinken kann ein Vergnügen sein.
Das Durstgefühl entsteht in einem Gebiet des Zwischenhirns, das Hypothalamus heißt. Hier wird der Druck der Körperflüssigkeit im Kreislauf und in den Zellen registriert, hier wird der Salzanstieg in den Körperflüssigkeiten beobachtet. Geben wir durch starke Schweißabsonderung zuviel Körperflüssigkeit ab, dann kommt es zu einer Salzkonzentration. Diese ruft die Meldung »Durst« im Zwischenhirn hervor und gibt sie von dort an unser Bewußtsein weiter. Wir trinken und stellen die normale Salzkonzentration wieder her: Der Durst ist verschwunden. Dazu kommt noch ein zweites Warnsystem: Die Schleimhäute in Mund und Rachen trocknen aus. Auch das wird im Gehirn registriert und als »Durst« weitergegeben.
Nun kann man auch über den Durst trinken. Hiermit meine ich zunächst nicht das »Sich-Betrin-

Über den Durst und die Lust des ersten und zweiten Schluckes

ken«, sondern die Erscheinung, daß reichliches Trinken den Durst keineswegs löschen muß. Das kann so passieren: Je mehr man trinkt, desto mehr Harn scheidet man aus, desto mehr schwitzt man. Nun sind weder Harn noch Schweiß reines Wasser, sondern sie enthalten auch die vier wichtigsten Mineralstoffe unseres Körpers: Natrium, Kalium, Calcium und Magnesium. Es kommt zu einem Natriummangel, der immer größer wird, je mehr man trinkt und ausscheidet. Der Körper kann den Wasserverlust aber nur ausgleichen, wenn ausreichende Mengen Natrium vorhanden sind, da es die Eigenschaft hat, Wasser zu binden. Deshalb muß man in solchen Fällen etwas Kochsalz essen. Das kann beim Sport oder auf einer Safari durch Salztabletten geschehen, auf Wanderungen durch Mineralwasser und beim häuslichen Trinken durch Salzbrezeln, Käse, Oliven oder die Prise Salz zum Tequila. Schnäpse und Drinks erhöhen den Flüssigkeitsverlust und machen den Durst größer. Nach Dr. Krück von der Universität Homburg/Saar treibt 1 Kubikzentimeter Alkohol 10 Kubikzentimeter Wasser aus dem Körper.
Soviel zur Wissenschaft, zur Physiologie. Unsereiner, der aus diesem Buch Wissen schöpfen will, pflegt seinen Durst wie etwas Kostbares, Zartes, das wachsen muß, um sich wirklich zu entfalten. Er hat subtile Methoden, die dem jeweiligen Durst angepaßt, auf ihn maßgerecht zugeschnitten sind.
Stellen wir die Standpunkte klar: Von jetzt ab meinen wir nicht mehr den gemeinen Durst, der bei Arbeit, bei großer Hitze oder auf Wanderungen entsteht. Für ihn ist das Mineralwasser, die Radlermaß oder die Halbe Weißbier der rechte Partner. Gemeinen Durst löscht man mit ein, zwei und

Über den Durst und die Lust des ersten und zweiten Schluckes

drei Schlucken und trinkt hinterher, bis man die beruhigende Gewißheit eines Flüssigkeitsreservoirs im Magen hat, das uns durch mehr oder weniger heftige Kohlensäure-Echos sein Dasein signalisiert.
Ich meine hier den kleinen, feinen Durst, der nach einem Glas Bourbon Whiskey mit kleingeschlagenem Eis und einigen Minzeblättern, einem Mint-Julep also, verlangt. Der sich nach weißem Rum mit Limonenscheiben und Ginger Ale sehnt, der sanft und nachhaltig nach einem Glas Champagner brennt oder nach kühlem Elsässer Riesling oder einem weißen Burgunder mit einigen Tropfen Crème de Cassis. Der nach einem Gin Tonic lechzt.
Diesen Durst durch den Verzehr von gesalzenem Rettich, Paprikawürsten oder gar durch Curryspeisen zu erzeugen, halte ich für vulgär. Wie will ein durch grobe Gewürze brennender Gaumen, eine mit Salz marinierte Zunge noch die Aromen des Getränkes genießen? Den kleinen Durst kann man durch Meditationen hervorrufen: »Alles Leben entsteht durch Wasser« oder »Mit jedem Herzschlag, jedem Atemzug, in jeder Sekunde geben wir Flüssigkeit an die Außenwelt ab. Am Tag sind das bis zu zweieinhalb Liter.« Zweieinhalb Liter!!! Merken Sie's? Schon ist es da, das leichte Brennen in der Kehle, die kleine fast bittere Trockenheit im Mund, hinten, oben am Gaumen. So macht man sich seinen Durst, und es gibt sicherlich noch andere Methoden.
Lassen Sie den ersten Schluck von was auch immer – die Möglichkeiten, in den Zustand des Nicht-Durstes zurückzukehren, sind unendlich zahlreich und viele davon stehen in diesem Buch – langsam über die Zunge gleiten, nachdem Sie die Lippen benetzt haben. Und wenn es dann durch die Schluckbewegung durch die Kehle rinnt, ist das große Aaahhh-Gefühl da. Der zweite Schluck muß schnell hinterher getrunken werden: er rundet die Befriedigung zu einer Kugel des Wohlbehagens. Auf Ihr Wohl. Prost. Salute. Cheers!

Grundschule des Mixens

Grundschule Drinks

Wer mixt, soll richtig mixen. Mit Kennerschaft. Übung macht den Meister, wenn man die Regeln kennt, sie befolgt und beherrscht.
Diese Regeln sind fest und gelten für alle Drinks:
Verwenden Sie immer nur beste Zutaten. Ein Drink ist immer nur so gut wie sein schwachster Bestandteil. Auch wenn der Gin von erster Qualität ist, ein mäßiger Wermut macht einen miesen Martini daraus. Andererseits soll man auch nach oben Maß halten. Kostbare Whiskies, alte Cognacs, besonders edle Obstbrände oder Jahrgangs-Champagner nimmt man so wenig zum Mixen, wie man aus einer Beerenauslese eine Schorlemorle oder aus einem Grand-Cru-Bordeaux einen Glühwein macht.
Cocktails und Longdrinks müssen eiskalt sein. Nichts schmeckt schlimmer als lauwarme Drinks. Wer mit Eis spart, darf sich nicht wundern, wenn seine Gäste am anderen Morgen auf ihn fluchen.
Experimentieren darf nur der Könner. Und das auch zunächst nur für sich allein. Barmixer ist ein Beruf, der viele Kenntnisse vor allem darüber voraussetzt, wie sich Spirituosen zueinander und miteinander verhalten. Ein Cocktail ist nach ähnlichen Gesetzen wie zum Beispiel ein Kuchenrezept aufgebaut. Beim Kuchen merkt man das Mißlingen sofort, beim Cocktail erst am nächsten Tag. Verändern Sie weder willkürlich ein Rezept, noch schütten Sie kreativ Alkoholika zusammen. Abgesehen davon, daß es genügend Rezepte gibt – und längst nicht alle sind gut –, bringt man so das Mixen in Verruf und bestärkt die Meinung, daß Cocktails betrunken machen und den Kater anlocken.
Phantasie-Cocktails sollte man keine bekannten Namen geben. Das macht man in der Küche mit Gerichten auch nicht. Am besten gar keine Phantasie-Cocktails mixen.
Servieren Sie möglichst nur einen oder zwei verschiedene Drinks. Das macht Ihnen weniger Arbeit und verleitet Ihre Gäste nicht, durcheinanderzutrinken. Überlegen Sie es sich vorher: es ist etwas ganz anderes, für fünf, sechs Leute perfekte Martinis zu machen als für fünfundzwanzig. Wagen Sie sich an diese Mengen heran, dann suchen Sie sich den Drink vorher heraus, üben Sie ihn oder weichen Sie auf Longdrinks aus. Denken Sie daran, daß man nicht mehr als vier Cocktails auf einmal in einem Shaker schütteln kann. Je weniger Gäste Sie bewirten, desto verschwenderischer können Sie mit dem Eis umgehen.

Der Aufbau eines Drinks

Von allen Drinks sollte der Cocktail nach den strengsten Regeln aufgebaut sein. Mit Cocktail meine ich in weitestem Sinne einen kurzen und starken Drink, der die Klassiker wie Dry Martini und Manhattan wie auch die Sours und Old Fashioneds einschließt, aus denen ja wieder echte Cocktails entwickelt worden sind. Ich bin hier etwas umständlich mit den Bezeichnungen, aber die Sprachverwirrung ist immer noch groß.
Ein Cocktail, benutzen wir diesen Namen, sollte auf der Basis einer starken Spirituose aufgebaut sein. Man sollte den Geschmack dieser Basis, die 50 Prozent oder mehr Anteil am Getränk hat, auf jeden Fall schmecken können. Das heißt, ein Gin-Cocktail muß nach Gin, ein Rum-Cocktail nach Rum schmecken. Keine Regel ohne Ausnahme:

Es gibt Drinks, in denen zwei starke Spirituosen kombiniert sind. So vertragen sich Gin und kubanischer Rum, Cognac und kubanischer Rum, Rye und Bourbon Whiskey. Die Zugabe von Wodka zu anderen starken Spirituosen ist eher eine Spielerei mit Prozenten, eine Geschmacksveränderung ergibt sie nicht. Alle Cocktails, in denen mehr als zwei Basisspirituosen vereinigt sind, sollte man mit Vorsicht genießen.
Zur Basis kommt als zweiter Bestandteil eine oder mehrere Zutaten, die das gewisse Etwas an Aroma, die Rundheit eines Drinks, den Pfiff geben. Das ist vor allem der französische und italienische Wermut, in den trockenen und süßen Formen. Das kann auch Dubonnet sein oder ein Sherry. Die Bitters gehören hierher wie Angostura, Peychaud's Aromatic Cocktail Bitters oder Orange-Bitter, aber auch Fruchtsäfte wie Orange, Zitrone oder Limette. Wichtig ist, daß der zweite Bestandteil, den man vielleicht Geschmackskatalysator nennen könnte, sparsam verwendet wird.
Schließlich gehört in diese Abteilung noch der Zuckersirup und, für spezielle, heute wieder sehr beliebte Soft-Cocktails, Sahne und/oder Eigelb.
Dritter Bestandteil eines Cocktails sind besondere Geschmacksgeber, die auch die Farbe beeinflussen können. Hier besteht die Hauptgruppe aus verschiedenen aromatischen Likören wie Cointreau, Maraschino, Crème de Menthe, Apricot Brandy, Chartreuse oder wie die Marken und Typen (Cointreau zum Beispiel ist die bekannteste Marke des Typs Curaçao triple sec) alle heißen. Der Liköranteil sollte geringer sein als der des Basisalkohols. Wenn Sie ein Rezept lesen, das zu gleichen Teilen Rum, Brandy, Cointreau und Bénédictine enthält und dazu noch einen Spritzer Pernod, dann ist dieser Cocktail nach Meinung des US-Drink-Papstes David A. Embury (»The fine Art of Mixing Drinks«) ein Getränk des Teufels.
Weiterhin können Fruchtsäfte oder Sirups, zum Beispiel Grenadine, als Geschmacks- und Farbgeber fungieren.
Die stärksten Cocktails sind auch die einfachsten. Und sie sind zugleich der Ausgangspunkt für viele weitere, die sich auf ihnen aufbauen. Ein Gin-Cocktail enthält außer Gin nur Spritzer eines Bitters. Der Old Fashioned von Gin, Whisky, Brandy und so weiter enthält neben dem Bitter noch etwas Zucker. Und die Sours bestehen aus dem Basisschnaps plus Zitronen- oder Limettensaft und etwas Zucker. Daß man auf diesen drei Schienen jede Menge von Cocktails aufgebaut hat, werden Sie beim Lesen der Rezepte entdecken.

Die Wirkung eines Drinks

Nicht unbedingt muß der stärkste Drink die umwerfendste Wirkung haben. Man spürt die Wärme des Alkohols und wird vorgewarnt. Außerdem sind ein sehr trocken gemixter Martini, ein Old Fashioned oder ein Whiskey Sour sehr bekömmlich für den Magen. Bei ihnen tritt die alkoholische Wirkung fast sofort ein, sie haben eine kurze Reaktionszeit. Jedermann schmeckt's, spürt's und ist es zufrieden.
Anders bei den süßen Drinks oder den Softies. Ein typisches Beispiel ist der heute so beliebte Bailey's Irish Cream, ein Softdrink auf Flaschen, der aus irischem Whiskey und Sahne besteht (eventuelle weitere Zutaten sind das Geheimnis der Firma). Man kann ihn trinken wie man eine Praline ißt, eine harmlose Sache, glaubt man, und

Grundschule des Mixens

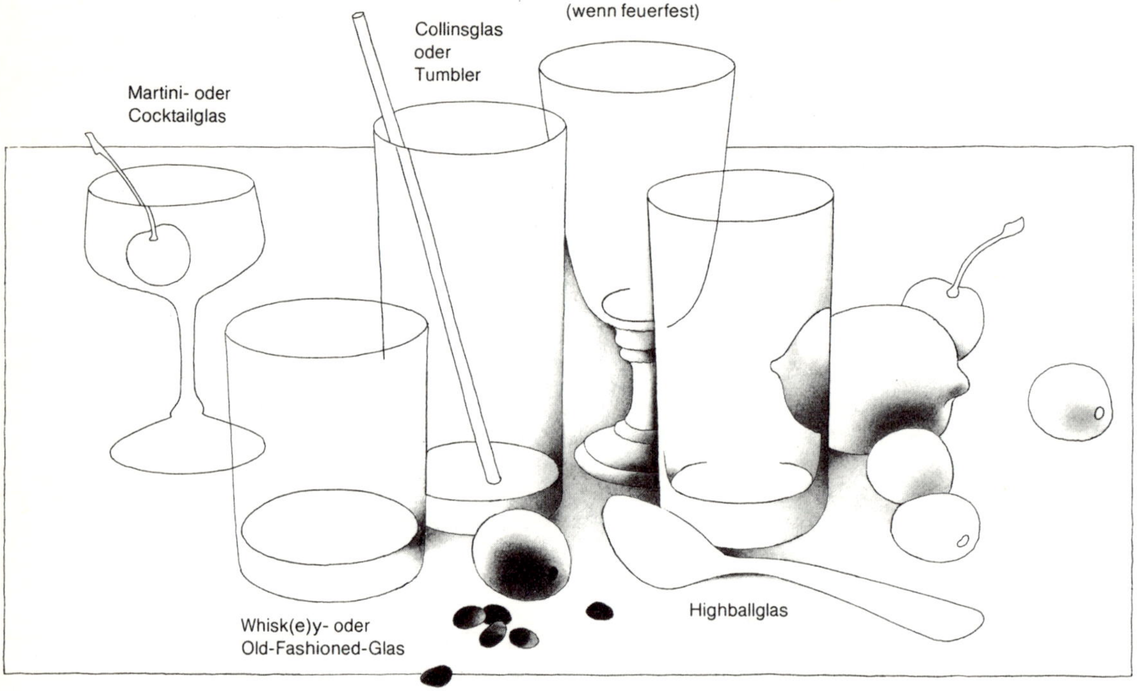

nach dem dritten merkt man auf einmal, daß man Alkohol in sich hat.
Ähnlich geht es mir, wenn ich Gästen einen »Kahlúalexander« mixe:
4 cl Cognac, 1 cl Sahne, 1 cl Kahlúa mit feingehacktem Eis kräftig schütteln und in ein Cocktailglas seihen.
Sie sagen nach dem ersten: »Ein köstlicher Cocktail. Aber ein bißchen schwach, was den Alkohol angeht.« Nach dem dritten fragen Sie, ob ich Dynamit hineingegeben habe.
Diese mit Sahne getarnten Drinks wie der Alexander, der Panama (der oben beschriebene ist ein Panama, bei dem der Crème de Cacao durch den Kaffeelikör Kahlúa ersetzt wird), haben eine lange Reaktionszeit. Denn Sahne, Eier oder süße Liköre machen einen Drink nicht schwächer, sie geben ihm nur einen sanfteren Geschmack. Die Wirkung, ob man einen alten Malt Whisky, einen Gin Sour, einen Manhattan oder einen Alexander trinkt, ist im Grunde die gleiche. Beim Whisky pur tritt sie sofort ein, beim Sour um einige Minuten verzögert, beim Manhattan hat der Wermut eine noch längere Verschleppungswirkung und beim Alexander dauert es am längsten. Außerdem weckt er keinen Appetit, sondern macht satt. Und das ist sehr gefährlich.

Grundschule des Mixens

Die Hausbar

Daß die Hausbar nicht unbedingt ein Raum oder ein Möbelstück sein muß, habe ich in meinem Vorwort geschrieben. Sie kann es aber durchaus sein, vor allem wenn man Spaß am Mixen bekommen hat. Wer einen Platz hat, um Flaschen, Gläser, Zubehör und Eis in der Nähe seiner Gäste unterzubringen, muß nicht dauernd zwischen Küche und Wohnraum hin und her laufen. Die Bar kann ein Flaschenschrank oder ein Tisch sein, auf jeden Fall sollten in der Nähe ein großer Eisvorrat sowie eine solide Arbeitsfläche vorhanden sein. Die Bar selbst mit Hocker ist nicht so wichtig wie die Kühlmöglichkeit, ein Ausguß und eine Gelegenheit zum Spülen.

Ist die Küche nicht zu weit vom Platz entfernt, an dem die Gäste sitzen, oder hat sie Wohncharakter, dann ist sie mit Kühlschrank, Ausguß, Arbeitsplatte und so weiter der ideale Platz, an dem man Getränke mixen kann. Sie ist die in jedem Haushalt schon vorhandene Hausbar.

Ideal ist der Arbeitsplatz einer Schiffsbar. Da auf Schiffen Platz kostbar ist, kann man sich eine Menge abschauen, wenn man sich zu Hause eine richtige Bar einrichten will. Die Schauflaschen stehen in einem Regal hinter dem Barmann. Es sind die, die nicht zu häufig benutzt werden und die nicht gekühlt sein müssen. Etwas unterhalb der hohen Theke, an der die Gäste sitzen oder stehen (an einer normalen Schiffsbar etwa ein Dutzend) ist die Arbeitsfläche. Darunter der Kühlschrank mit den eiskalten Flaschen wie Wodka oder Aquavit, daneben offene Kühlboxen für die wichtigsten Grundschnäpse, für Wermut, Soda und Fruchtsäfte. Behälter mit Eiswürfeln, mit gekörntem Eis stehen bereit, an der Theke ist ein Mixer mit Rührstab angebracht, zu dem man von unten den Rührbecher hochheben kann: So werden Drinks mit Eiweiß, Sahne oder Früchten blitzschnell geschlagen. Jedes Gerät hat seinen Platz, Früchte zur Dekoration können geschnitten werden. Benutztes Eis wird aus dem Shaker oder dem Rührbecher in einen Eimer gekippt. Es ist eine unvergleichliche Lust, an so einem Platz zu mixen.

Ideal stelle ich mir einen Barwagen vor, mit Kühlbox und eventuell Eiswürfelbereiter, Flaschenhalter und Arbeitsfläche, ähnlich wie ein großer Grillwagen gebaut. In den USA gibt es so etwas in verschiedenen Modellen, mit Sicherheit wird diese fahrbare Hausbar auch bei uns lieferbar sein. Sicherlich nicht preiswert, aber rationeller als eine richtige raumfressende Bar.

Wie es aber auch einfacher geht, zeige ich Ihnen anschließend.

Die Herstellung der Drinks

Wenn man Mixrezepte in die Hand nimmt, liest man immer wieder: Die Cocktails mixt der Herr des Hauses (der natürlich auch eine Dame sein kann). Es liest sich leicht, will aber gekonnt sein. Denn mixen heißt ja nicht nur, verschiedene Flüssigkeiten zusammenzugießen und in einem Shaker nach den Rhythmen einer heißen Band kalt zu schütteln, sondern präzise nach Rezepten zu arbeiten, die Fachleute für Sie erfunden haben. So wie der Metzger Ihnen den Aufschnitt abwiegt oder der Bäcker die Zutaten für seine Torten, so müssen auch Sie sich beim Mixen genau an die vorgeschriebenen Maße halten.

Beim Mixen muß man Maß halten

Jedes Mehr oder Weniger einer Zutat verändert den Geschmack eines Drinks, oft nicht zu seinem Vorteil. Mit welch geringen Unterschieden man verschiedene Drinks mixen kann, sollen Ihnen diese drei Beispiele zeigen. Sie schmecken übrigens alle gut.

3 cl Gin + 1 cl Wermut Dry + 1 cl Wermut Rot (süß) + 1 cl Orangensaft, mit Eis im Shaker geschüttelt und abgeseiht, ergibt einen Cocktail, der **Bronx** heißt und überall in der Welt so gemischt wird.

Wenn Sie nun weder Orangensaft noch roten Wermut zu Hause haben und statt dessen 4 cl Gin + 1 cl Wermut Dry + 1 cl Zitronensaft mit Eis schütteln und in ein Glas seihen, erhalten Sie ein völlig anderes Getränk. Es ist ebenfalls ein internationaler Cocktail, der **Haberfield** heißt.

Fehlt nur der Orangensaft und man rührt 1 cl Wermut Dry + 1 cl Wermut Rot + 4 cl Gin zusammen, diesmal im Rührglas mit Eis, hat man wieder etwas anderes, einen **Gin Perfect**.

Fazit: Das richtige Mengenverhältnis der Zutaten ist das A und O beim Mixen. Deshalb ist das wichtigste Gerät in einer Bar das Meßglas. Messen Sie pingelig die Zutaten ab, auch wenn Barmixer elegant aus den Flaschen gießen. Wetten, daß durch die viele Übung die so gegossenen Mengen auf den Tropfen genau den vorgeschriebenen Maßen entsprechen? In den Lehrbüchern für Barmixer wird immer auf das Meßglas hingewiesen, schon der Kalkulation wegen. Es ist nicht unwichtig, ob man aus einer Whiskyflasche präzise 18 Portionen zu je 4 cl verkauft oder nur 16 unpräzise zu ein bißchen mehr.

Die Cocktails werden in Deutschland oft in 5-cl-Portionen zubereitet, doch die internationale Bartenders' Association hat die Menge eines Cocktails auf 6 cl (= 60 ml) festgesetzt. Die Abkürzung cl entspricht $\frac{1}{100}$ Liter oder 1 Zentiliter oder 10 Milliliter (ml); 1 ccm (Kubikzentimeter) = $\frac{1}{1000}$ Liter oder 1 Milliliter.

Leider sind in den Mixbüchern die Maßangaben nicht einheitlich. Manchmal werden die Rezepturen mit ½ Gin, ½ Dubonnet (auf Eis gerührt, mit Zitronenschale serviert, heißt der Cocktail **Dubonnet**) angegeben. Die Bruchzahlen beziehen sich immer auf die 6 cl. Manchmal braucht man zur Umrechnung eine Rechentabelle, wenn es viele Zutaten sind.

Häufig erscheint auch die Angabe 1 Teil Orangensaft, 1 Teil Wermut Weiß (süß), 4 Teile Whisky (mit 1 Spritzer Chartreuse und Eis geschüttelt, heißt der Cocktail **Barbary Coast**), so sollten sich diese Teile auch auf die 6 cl beziehen, auf jeden Fall aber das Anteilverhältnis zueinander

bestimmen. Auch hier muß man manchmal kompliziert rechnen, wenn man unbedingt die 6 cl einhalten will. Bei uns zu Hause aber muß man ja nicht kalkulieren, also darf der Cocktail auch mal etwas größer sein. Wichtig ist nur, daß Bruchzahlen oder Teile (in etwa ja dasselbe) im Meßglas stimmen.
Ich habe die Rezepte in diesem Buch auf cl-Maße eingestellt.
Hier eine Tabelle der Maße, die beim Mixen vorkommen und die man für ausländische Mixbücher kennen sollte.

Für uns ist wichtig zu wissen:

1 Likör- oder Schnapsglas	= 20 ccm oder 2 cl
1 Ounce (oz)	= 25 ccm oder 2,5 cl
1 Pony	= 25 ccm oder 2,5 cl
1 ½ Ounces	= 40 ccm oder 4 cl
1 Cocktailglas (Südweinglas)	= 60 ccm oder 6 cl
1 Jigger (Whiskymaß)	= 40 ccm oder 4 cl
1 Gill (englisches Whiskymaß)	= 4 Jigger oder 16 cl oder 1,6 dl
1 Barlöffel (1 Teelöffel)	= 5 ccm oder 0,5 cl
1 Eßlöffel	= 15 ccm oder 1,5 cl
1 Dash (Spritzer)	= 1 Tropfen oder 1 ccm
1 Schuß	= 10 Dashes oder 10 ccm oder 1 cl
1 0,7-Liter-Flasche	12 Cocktails oder 35 Schnapsgläser
1 Literflasche	17 Cocktails 25 Whiskies oder 40 Schnapsgläser

Rühren oder schütteln ist die Frage
Gerührt werden alle Drinks, die dünnflüssige Spirituosen oder sich leicht vermischende Flüssigkeiten enthalten. In unserem Beispiel der Gin Perfect. Man rührt den Drink aber nicht so genüßlich wie man den Zucker im Kaffee rührt, sondern schnell und kräftig in einem hohen Glas (Rührglas) mit einem langstieligen Löffel (Barlöffel). Und zwar in einer Spirale von unten nach oben. Da man die Flüssigkeit so kalt wie möglich, aber auch so unverdünnt wie möglich will, gibt man Eis in den Rührbecher, stellt alle Zutaten zurecht, gießt das inzwischen angesammelte Schmelzwasser ab, gibt die Zutaten ins Glas, rührt 20 Sekunden kräftig durch und seiht den Cocktail sofort ins Cocktailglas. Will man mit Sekt, Mineralwasser, Soda oder Tonic auffüllen, so geschieht das erst im Glas, in dem der Drink serviert wird.
Geschüttelt werden alle anderen Drinks, wie im Beispiel Seite 16 der Bronx und der Haberfield. Dazu brauchen wir einen Mixbecher, der möglichst kräftig sein soll. Professionelle bevorzugen Becher ohne eingebautes Sieb und benutzen zum Seihen den Strainer, denn diese Shaker (wie die Mixbecher in der Barsprache heißen) sind leichter sauber zu halten.
Wir geben die Eisstücke in den Mixbecher, stellen uns die Zutaten zurecht, gießen das Schmelzwasser ab, geben die Zutaten hinein, verschließen und umwickeln den Becher mit einer Serviette. Fassen ihn mit beiden Händen, heben ihn in Schulterhöhe, so wie Satchmo die Trompete hielt, und schütteln kurz, kräftig und waagrecht, vom Körper weg und zum Körper hin. So ist der Kühlweg der Flüssigkeit am längsten, die Wirkung am intensivsten. Geschüttelt wird zwischen 10 und 20 Sekunden, ein Fizz sogar bis zu 2 Minu-

Grundschule des Mixens

Zum Schütteln braucht man einen Shaker oder Mixbecher (links), zum Rühren ein Rührglas und einen langen Barlöffel.

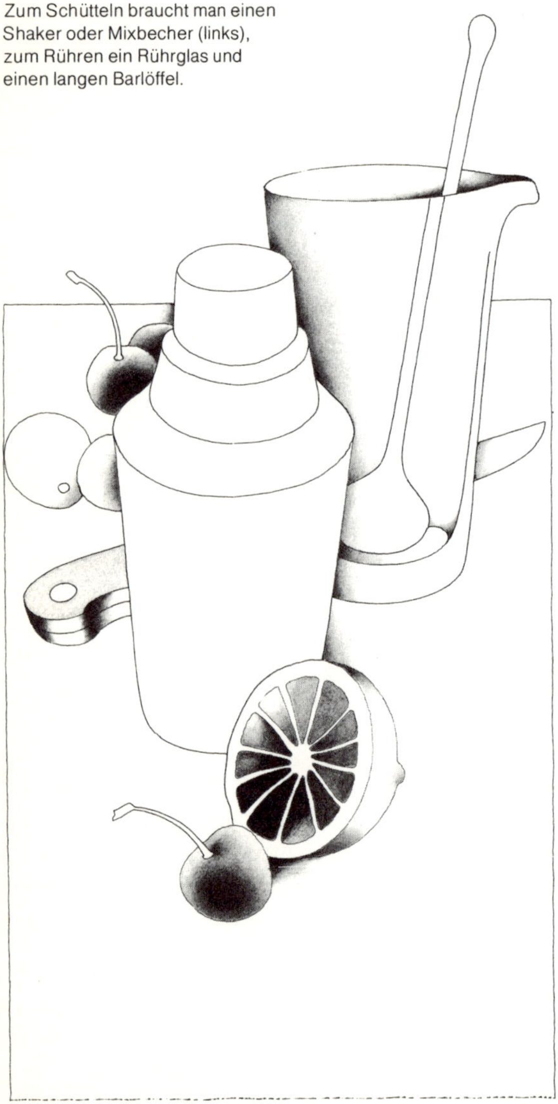

ten, auf jeden Fall aber so lange, bis der Becher von außen intensiv beschlägt. Shaken an der Bar hat nichts mit dem gleichnamigen Tanz, nichts mit Akrobatik und auch nichts mit dem Rhythmus der Musik zu tun.

Kleine Eiskunde

Wer mixt, muß reichlich Eis bereit haben. Lassen Sie den Kühlschrank vorher Überstunden machen. In der Bar unterscheidet man mehrere Sorten von Eis, wobei sich »Sorten« nur auf die äußere Form bezieht.

Eiswürfel werden zum Mixen von Short Drinks (Cocktails, andere Kurze), aber auch von einfachen Longdrinks oder Getränken »on the rocks« benutzt, Spirituosen, die man rührt oder zusammen mit den Eiswürfeln serviert. Bitte nur Eis nehmen, das im Kühlschrank nicht den Geschmack von Wurst oder Melone angenommen hat. Nimmt man vorher abgekochtes Wasser, sind die Würfel klarer. Klare Würfel kann man auch mit Mineralwasser bekommen (vor allem schmecken die nie gechlort). Käufliches schottisches Quellwasser für Eis in Whiskydrinks zu verwenden, zeugt von Stilsicherheit. Ein optischer und geschmacklicher Trick: Für manche Longdrinks friere ich ins Eis gehackte frische Minze ein, das sieht besonders hübsch aus. Genauso kann man es mit Fruchtsäften machen, um bestimmte Drinks zu würzen, und besonders empfehlenswert ist das Einfrieren von Rote-Bete-Saft (Reformhaus). Diese blutroten, stark färbenden Würfel serviere ich mit Wodka. Das ist eine Art Mini-Borschtsch für Alkoholfreunde.

Fizz-Eis ist kleingeschlagen und ungefähr haselnußgroß. Es wird für alle diejenigen Drinks ge-

braucht, die man lange, ganz kalt und schaumig schütteln muß.
Das Cobbler-Eis ist fast wie Schnee oder Hagel zerschlagen oder gemahlen und kühlt Longdrinks blitzschnell und ohne Rühren. Ich liebe es, über 1 bis 2 Löffel Cobbler-Eis einen Fruchtlikör zu servieren.
Das Frappé- oder Schnee-Eis ist geschabt und verwandelt sich mit anderen Flüssigkeiten unter starker Kälteabgabe sofort in Wasser.

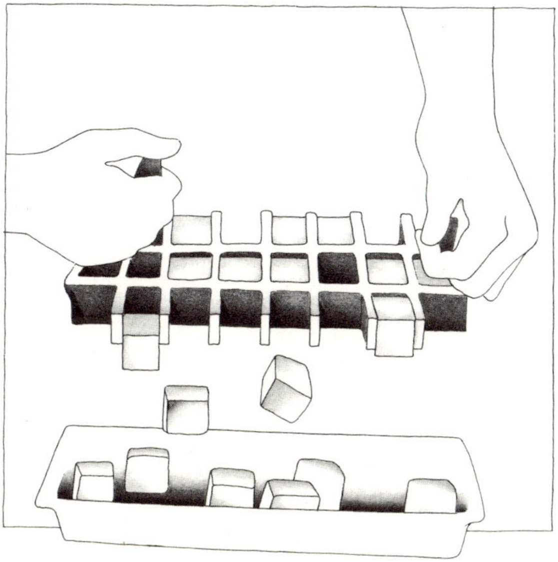

Beim idealen Eiswürfelbereiter läßt sich der Einsatz durch zwei Hebel so bewegen, daß die Würfel leicht herausfallen.

Wie wird Eis zerkleinert?

1. nach Hausmacher-Methode: Man wickelt Eiswürfel in ein sauberes Handtuch und zerschlägt sie mit einem Hammer.
2. mit einem Eisschaber: Man läßt in der Eisschale ohne Einsatz einen Eisblock gefrieren und schabt von ihm mit dem Schaber Eis-Schnee.
3. mit Spezialgeräten: Von zangenähnlichen Gebilden, zwischen deren Backen die Eiswürfel zerbrochen werden (funktioniert meist nicht) über handbetriebene bis zu motorgetriebenen Eismühlen gibt es zur Zeit etwa ein halbes Dutzend Möglichkeiten, Eis zu zerkleinern. Begrüßenswert sind Zusatzgeräte zu Küchenmaschinen, da die anderen Maschinen ein komplettes Gerät sind, für das der Platz fehlt oder das man im entscheidenden Augenblick nicht findet.
Mixt man Drinks im normalen Elektromixer, nie ganze Eiswürfel nehmen, sie könnten die Messer zerschlagen. Es gibt aber robuste Mixer.

Eine kleine Kühl-Erfindung

Als mir von einer Party einmal zwei Dutzend Zitronenscheiben übrigblieben, habe ich sie mit Klarsichtfolie als Zwischenlage tiefgefroren. Da diese eisigen Scheiben eine aromatische Drinkdekoration sind, die auch noch kühlt, habe ich tiefgefrorene Zitronen-, Orangen-, Limetten- und Kiwischeiben teils auf Vorrat in der Truhe, teils bereite ich sie für eine Party vor. Das gleiche kann man mit eingefrorenen Sauerkirschen und Maraschinokirschen machen. Dadurch wird dem Drink keine Kälte entzogen.

Grundschule des Mixens

Wie man Zuckersirup macht

In vielen Rezepten ist als Zutat Zuckersirup angegeben, denn sowohl Kristall- wie Puderzucker lösen sich in kalten Drinks schlecht, vor allem wenn man sie rührt und nicht schüttelt.
125 g Zucker in 125 g heißem Wasser (0,125 l) oder 12,5 cl) durch Rühren völlig lösen. In eine Schraubverschlußflasche füllen, abkühlen und bei Bedarf verwenden. Der Sirup ist haltbar.
Den roten Grenadinesirup, der in manchen Drinks die gleichen Funktionen erfüllt und zusätzlich Farbe und Geschmack gibt (Grenadine ist Granatapfelsaft), kauft man fertig. Er kann in einer angebrochenen, selten benutzten Flasche in Gärung übergehen. Das verhindert man, indem man den Sirup mit etwas Wodka alkoholisiert.

Zur Barausstattung gehören die Spritzflasche (Dash Bottle) für die Zutaten, die man spritzerweise verwendet, und das Barsieb mit Spirale zum Zurückhalten von Eisstücken und Zitronenkernen.

Mixers Handwerkszeug

Die wichtigsten Geräte, die ein Hausbar-Mann besitzen muß, sind ein Rührglas, möglichst mit Gießer, ein langstieliger Rührlöffel und ein Barsieb, auch Strainer genannt, mit Drahtspirale, die in das Innere des Rührglases gehört, um Eis oder Zitronenkerne zurückzuhalten. Dazu kommt noch ein Meßglas, mit dem Sie die Zutaten zu einem Drink abmessen können. Je sachlicher dies alles ist, um so besser. Sie finden es in Gastronomiezubehör-Geschäften.
Barmaße werden neben der Ausführung in Glas auch aus Metall, versilbert oder aus purem Silber hergestellt – damit kann man dann aber nur 4 cl (Whiskymaß) und 5 oder 6 cl (Cocktailmaß) abmessen, auf keinen Fall cl-Bruchteile.
Wichtig sind noch eine Zitronenpresse, ein Messer, um Früchte zu schneiden, ein Kapselheber und ein Korkenzieher. Kaufen Sie den richtigen, mit dem man mühelos Flaschen öffnen kann. Zwei Typen sehen Sie rechts im Bild.
Es gibt dieses Zubehör auch als Bar-Sets schon fix und fertig zusammengestellt.
Ein Eisbehälter ist ebenfalls nötig, damit man nicht jedesmal zum Kühlschrank muß. Er sollte einen Thermodeckel haben und gut isoliert sein, damit Ihnen das Eis nicht unterm Mixen wegschmilzt.
Nützlich, hygienisch und wirksam ist eine Eiszange, wenn man Eis aus einem Behälter in ein Glas geben will. Mit einem Löffel kann das leicht zur lustigen Nummer werden. Für gestoßenes oder sonstwie zerkleinertes Eis braucht man eine

Korkenzieher, Barzange, Zitronenpresse, Kapselheber, Siphon und Meßgläser sind unerläßliches Zubehör, wenn Sie praktisch und präzise arbeiten wollen.

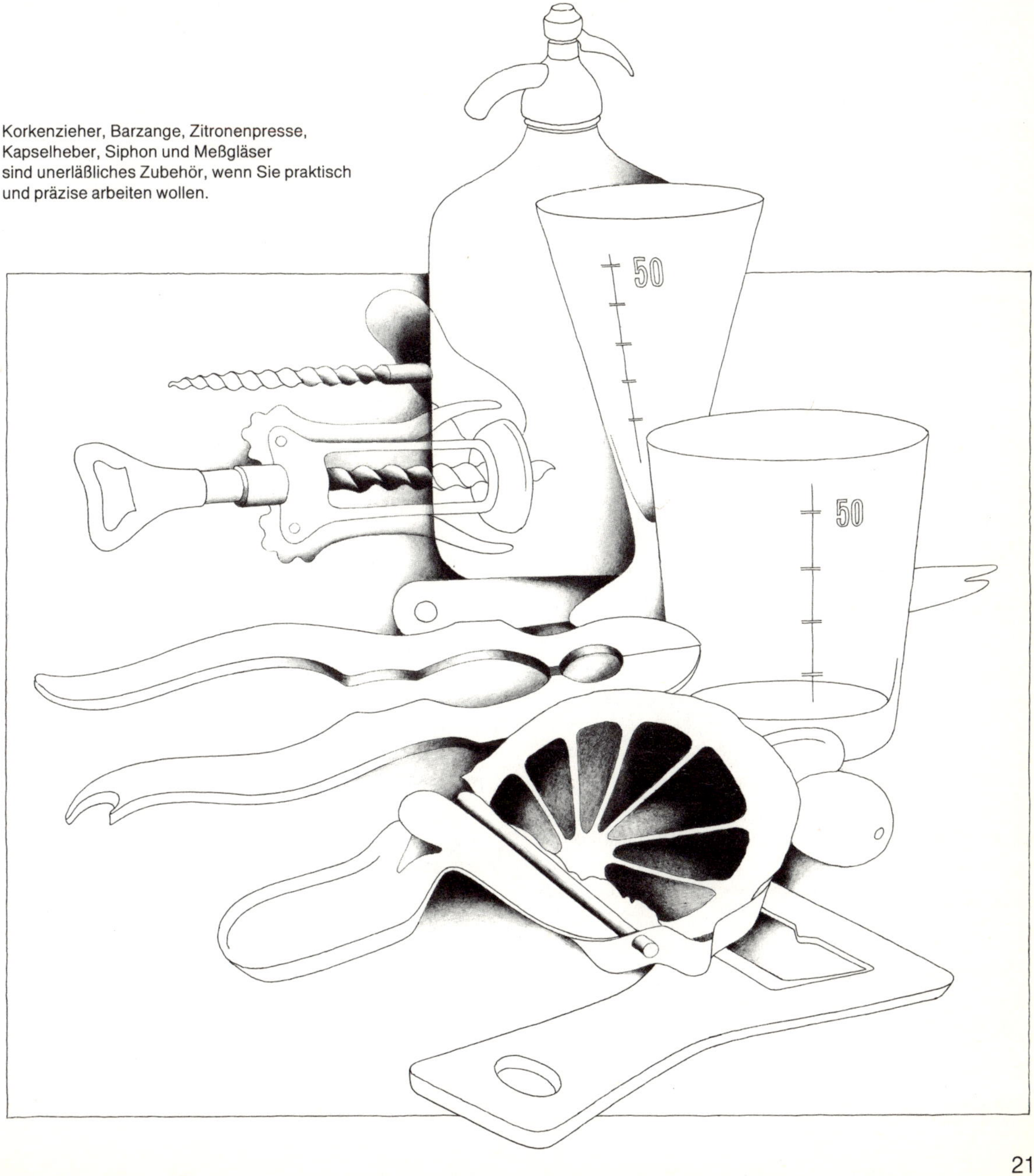

Grundschule des Mixens

Schaufel, die es hübsch anzusehen in Spezialgeschäften gibt.
Die verschiedenen Glastypen haben wir auf Seite 14 für Sie aufgezeichnet. Das ist anschaulicher, als sie mit Worten zu beschreiben. Im übrigen sind Gläser dem persönlichen Geschmack und der Mode unterworfen.
Sollten Sie in Ihrem Bestand Sektschalen besitzen, aus denen Sie hoffentlich nie Champagner oder Sekt trinken, weil sofort die ganze Blume und fast alle Kohlensäure verloren geht – in der Hausbar können Sie sie benutzen. Als große Cocktailgläser oder für Sektdrinks.
Sehr nützlich in der Bar ist das bauchige Burgunderglas. In ihm lassen sich große Drinks mit Fruchtdekoration und Hagel- oder Schnee-Eis servieren. Um so schöner, je kräftiger oder schikker ihre Farbe ist.

Auch die Augen trinken mit

Jeder Drink und Cocktail muß das Auge erfreuen. Es ist schrecklich, wenn ein Martini, der klar wie ein Gebirgsbach sein soll, wie Spülwasser aussieht oder ein Manhattan wie rostiges Kühlwasser aus einem Oldtimer. Was gerührt wird, muß klar sein, was geschüttelt wird, darf undurchsichtig sein, aber nicht unappetitlich trübe. Das hängt allein von der Sorgfalt der Zubereitung ab. Darüber hinaus sollte man Drinks noch verschönern, ihnen ein Make-up geben. Man macht sie optisch zum Beispiel interessanter, wenn man ein Stückchen Zitronenschale an den Rand hängt, eine Cocktailkirsche hineingibt oder mit einer Orangenscheibe garniert. Die harmloseste Verzierung ist der Zuckerrand, wenn der Drink selbst schon süß oder sehr sauer ist.

Wie man einen Zuckerrand macht: Aus einer Zitrone ein Viertel herausschneiden. In die Mitte dieses Viertels einen Schnitt bis auf die Schale machen. Zitrone in die rechte, Glas in die linke Hand nehmen – der Glasrand muß nach unten zeigen, damit kein Saft ins Glas fließen kann. Den Glasrand in den Einschnitt stecken und langsam drehen, so daß er gleichmäßig befeuchtet wird. Sofort in locker auf einem Unterteller aufgehäuften Zucker stupfen, so breit man den Rand will. So lange machen, bis der Rand schön gleichmäßig verzuckert ist. Beim Eingießen des Drinks darauf achten, daß keine Flüssigkeit mit dem Zukker in Berührung kommt.
Eine schöne Garnierung ist ein Büschel frischer Minzeblätter; das gibt Longdrinks eine ganz besondere Frische, und beim Mint Julep ist diese Garnierung obligatorisch.
Hübsche Effekte erzielt man auch, wenn man farbige Obstsäfte einfriert. Man muß nur daran denken, daß sie beim Tauen den Geschmack des Drinks verändern. Ich empfehle zwar immer, etwas zu garnieren, aber insgesamt zurückhaltend zu sein. Man will ja Drinks anbieten und keine Gemüse- oder Obstsalate.

Was bedeutet was in der Barsprache?

Cobbler: Longdrink mit feinstgehacktem Eis im Glas, mit dem Alkohol der Wahl aufgegossen und mit Obst garniert.
Cocktail: Amerikas liebstes Kind, ist ein kurzer Drink, der gerührt oder geschüttelt und im Cocktailglas serviert wird.
Cooler: mit Ginger Ale aufgefüllter Fizz.
Crusta: Alkohol der Wahl, geschüttelt mit Zitronensaft, Maraschino und Angostura, Ballonglas-

rand mit Zitrone anfeuchten, in Zucker drehen, so daß eine Zuckerkruste entsteht.
Daisy: Fizz plus Grenadinesirup plus Kompottkirschen. Mit wenig Soda ein Damendrink.
Eggnog: Longdrink, im Cocktailglas serviert. Wird mit Milch geschüttelt.
Fixes: werden im Glas aus Zitronensaft, Kirschlikör, viel feingeschabtem Eis und dem gewünschten Alkohol gerührt.
Fizz: Longdrink, bei dem Zitronensaft und etwas Staubzucker mit Gin, Weinbrand, Bourbon oder Rum lange geschüttelt werden. Im Glas mit Soda auffüllen. Wird nach der Spirituose benannt, also Gin Fizz, Rum Fizz und so weiter.
Flip: kurzer Drink, der im Cocktailglas serviert wird, ein Cocktail mit Eigelb. Wird immer geschüttelt.
Frappé: ein Sektglas voll feinstem Eis mit der gewünschten Spirituose, oft Likör, übergossen.
Julep: Ein Glas mit feingeschabtem Eis füllen, mit Spirituose übergießen, umrühren, bis sich außen Reif zeigt. Dann noch mit Minze und Obst garnieren. Kann auch im Silberbecher serviert werden.
Pick Me Up: Beliebiger Alkohol wird mit 1 Teelöffel Zitronensaft und 1 Teelöffel Zucker und Eis geschüttelt. Im Sektkelch mit Sekt aufgefüllt.
Sling und Punsch (wenn er kalt serviert wird): feinstes Eis im Glas, dazu Obst- und Zitronensaft, etwas Zucker und die Spirituose der Wahl.
Soda: Longdrink, wobei Alkohol nach Wahl mit Soda aufgefüllt wird. Nimmt man Tonic Water, bekommt man einen Tonic, Ginger Ale verwandelt ihn in einen Highball und Cola in einen Fancy Drink.
Sour: das gleiche wie ein Fizz; kann aber auch ohne Soda getrunken werden. Wird geschüttelt und ist immer mit Kirschen, Orangen- und (oder) Zitronenscheiben garniert.

Die kleine Drink-Uhr

Morgens darf man einen Flip trinken, ab 11 Uhr einen Pick Me Up.
Vor dem Essen einen Aperitif oder einen trockenen Cocktail wie Martini.
Nach dem Essen einen süßen Cocktail oder einen Cognac (Weinbrand), Obstbrand oder einen edlen Likör.
Zur Kaffeezeit paßt ein Cobbler oder ein kalter Punsch. So gegen 18 Uhr dürfen es wieder trokkene Cocktails sein oder ein Fix.
Das Abendessen dürfen Damen und Herren mit einem Martini einleiten, nach dem Essen sind Sours oder Crustas angenehm. Amerikaner trinken jetzt gerne einen Menthe Frappé oder einen Stinger (auch mit Pfefferminz).
Beim Tanz dann Fizz oder Highball und zum Schluß eine Bloody Mary.
Und wenn dazu noch die Weinfolge plus Sekt eines gepflegten Mehr-Gänge-Mahls kommt, dürften wir ganz schön angeschickert sein.

Von Abendessen bis Zwiegespräch

Anlässe, mit anderen etwas zu trinken, gibt es jeden Tag. In diesem kleinen Lexikon sage ich Ihnen, was Sie wann besonders passend servieren können. Wein und Bier sind nicht berücksichtigt, aber ich nenne Ihnen präzise Drinks, deren Rezepte Sie alle in diesem Buch finden.

Abendessen: Vorher Martini Dry oder Club Cocktail, hinterher Old Fashioned oder Whisky Sour.
Begrüßungsdrink: Screwdriver; Batida Paulista; Cocteau Cocktail; Daiquiri; Glas Sekt mit 1 Spritzer Angostura-Bitter; 5 cl Barack Palinka im Becherglas mit Sekt oder Orangensaft aufgefüllt.

Cocktailparty: Bitte nur 2 Cocktailsorten anbieten, einen herben und einen süßeren. Zum Beispiel: Haus-Sturm-Manhattan und Sidecar.
Damenkränzchen: Getränke auf Kaffeebasis wie Pharisäer oder Irish Coffee. Oder Floater, Fix oder Planter's Punch.
Einzimmerwohnungs-Einladung: Möglichst ein Getränk aus Krug oder Schüssel, wie Sangria, Kalte Ente oder St. Pauls Punsch.
Faschingsfest: Maracujabowle oder Cuba libre oder ein Getränk mit Bier, wie Radlermaß, Russ oder Rafraîchissement.
Gartenfest: Am schönsten Mint Julep, sonst die Palette der Collins-Familie Tom, John oder George.
Homewarming (Wohnungs- oder Hauseinweihung): Ihr Spezial- und Leibgetränk oder Daiquiris oder Gin-Drinks (aus der 4-Flaschen-Bar) oder Nikolaschka Pilkallen.
Jagdessen: Hier geht als Aperitif ein »Affe im Winter«; ansonsten klare Schnäpse, allenfalls Schnaps mit »Biß«.
Katerfrühstück: Sicher die Bloody Mary, aber auch Rafraîchissement oder Weizenbier pur oder Royal Clover Club.
Literarischer Salon: Ein Drink auf Kaffeebasis, wie Kaffee Gloria oder Kaffee hot and cool oder den Cocteau-Cocktail oder Hemingways »Death in the Afternoon« (3 cl Pernod mit Sekt auffüllen).
Männerabend: Neben schlichtem Klaren vielleicht einen Steinhäger-Martini, einen Old Fashioned oder einen Brandy Cocktail. Im Winter Tee von Sumadija oder Wasserpunsch.
Nostalgie-Party: Servieren Sie Knickebein, Sidecar, Tango, Martini Dry New Orleans oder Manhattan Sweet, Alexander.
Punschabend: Eine Einladungsform, die man wiederbeleben sollte. Das Punschkapitel bietet viele Anregungen.
Romanze: Zum zärtlichen Tête-à-tête passen Cocktails, wie Manhattan, White Lady oder Erotica. Oder man leert eine Flasche Champagner.
Silvester: Silvesterpunsch, Sekt oder Champagner.
Tee-Einladung: Rum oder Tiffin (Teelikör) sollten auf dem Tisch nicht fehlen; es darf aber auch ein Kräuterlikör oder ein Drambuie sein. Einen High Tea (fast komplettes Abendessen mit Tee, zu dem man für 18 Uhr einlädt) beschließt man mit einem Whiskey Sour oder einem Whisky on the rocks.
Umzugsparty: Hier wird improvisiert und zum Beispiel eine Blitzbowle oder ein Adlerhorst oder ein Churchill angeboten.
Verführung: Alle Wodka-Drinks, die mit Fruchtsäften getarnt sind, wie der Screwdriver, der Wodka Cidre, der Grapeshot oder die Trinkmolke plus.
Verlobung: Zum Empfang Sekt, auch ein Gläschen Portwein, Sherry oder Madeira; oder ein Fontana oder Gibson.
Weihnachtsabend: Einen Eiergrog, einen Apple Jack oder einen Roten Kardinal.
Yoga-Abend: Maracujatrunk, Amazonas, Kalte Malve, Amerikanischer Tomatensaft oder Borani.
Zwiegespräch: Irish Coffee, Gälischer Kaffee, Toddy oder Black Velvet.

70 Drinks aus 4 Flaschen

Wer 100 Flaschen zu Hause hat, braucht noch kein guter Hausbar-Mann zu sein. Bei den klassischen Cocktails werden Sie sehen, daß zu guten Drinks nur wenige Zutaten gehören. Ich empfehle Ihnen auch, Bescheidenheit zu üben. Besser, Sie beherrschen ein paar Drinks wirklich, als daß Sie sich Dutzende aus Büchern zusammenstopseln und immer wieder neue probieren. Und denken Sie auch daran: Es muß nicht immer Cocktail sein. Es gibt viele Spirituosen, die pur besser schmecken.
Dagegen gibt es einige, die sich fabelhaft fürs Mixen eignen. Da ist an erster Stelle der Gin. In einer Sammlung von 500 Cocktails und Drinks habe ich 117 gezählt, bei denen Gin beteiligt war, davon wieder 105, die man als Gin-Drinks bezeichnen kann. Die zweite Stelle gebührt dem weißen Rum, die dritte dem Weinbrand.
Für die von mir vorgeschlagene »Bar der 4 Flaschen«, mit der Sie etwa 70 Drinks mixen können, stellen Sie sich 1 Flasche Gin, 1 Flasche Curaçao triple sec oder Cointreau und je 1 Flasche Wermut Dry und Rot in den Schrank.
Zusätzlich brauchen Sie Angostura-Bitter, Orange-Bitter, Zitronensaft, Orangensaft und Grenadinesirup. Und für die Longdrinks Selterswasser, Tonic, Ginger Ale, Cola oder Bitter Lemon.
Die Bitteren, die es in den Spirituosenabteilungen von guten Delikateßgeschäften gibt, sind Würzflüssigkeiten, die man nur spritzerweise verwendet. Sie werden in Flaschen mit Spritzverschluß verkauft; man kann sie aber auch in Spezialflaschen umfüllen, die zur Standardausrüstung einer Bar gehören.

Bei größerem Mixehrgeiz sollten die nächsten Flaschen eine mit Weinbrand und eine mit weißem Rum sein. Dann können Sie weit über 100 Drinks mixen.
Ein Dutzend Drinks, die Sie mit der Bar der Vier zustande bringen, finden Sie auf folgenden Seiten in diesem Buch: Bronx (16), Haberfield (16), Gin Perfect (16), Klassischer Martini (35), Martini Medium (36), Martini Medium Orange (36), Atta Boy (36), Gin and Onion (48), Tom Collins (54), Orange Blossom Special (55).
Hier gleich weitere 58 Möglichkeiten, so daß Sie zusammen 70 verschiedene Drinks aus 4 Flaschen servieren können.

Gin'n it (Bild Seite 33)
Ein Südweinglas gut vorkühlen, 3 cl eiskalten Gin und dazu 3 cl gut gekühlten roten Wermut gießen. So servieren.

Gin French
Ein Südweinglas gut vorkühlen. 3 cl eiskalten Gin und dazu 3 cl gut gekühlten Wermut Dry gießen. So servieren.

Pink Gin
1 Spritzer Angostura-Bitter in ein Old-Fashioned-Glas geben und herumschwenken. 4 cl Gin und 5 cl Eiswasser dazu. Servieren.

Orange Blossom (Bild Seite 33)
3 cl Orangensaft, 3 cl Gin.

Pegu
1½ cl Curaçao, 3 cl Gin, 1½ cl Zitronensaft, 1 Spritzer Angostura-Bitter, 1 Spritzer Orange-Bitter.

South Side
4½ cl Gin, 1½ cl Zitronensaft, Minzeblätter, 1 Teel. Zucker.

Tipperary March
1 cl Orangensaft, 2 cl Wermut Dry, 2 cl Gin, 1 cl Grenadine, Minzeblätter.

White Lady
2 cl Gin, 2 cl Curaçao, 2 cl Zitronensaft. Mit Zitronenschale abspritzen.

Einen Club-Cocktail gibt man vor dem Essen, sozusagen als alkoholische Suppe oder flüssige Vorspeise. In den Shaker 3 Stück Eis geben und kräftig schütteln, damit es beim Abseihen ins Ballonglas kräftig schäumt. Hier die Namen und Zutaten:

Breakfast Club
4 cl Gin, 2 cl Grenadine, 1 Eiweiß.

Bronx Club
1½ cl Gin, 1½ cl Wermut Dry, 1½ cl Wermut Rot, 1½ cl Orangensaft, 1 Eiweiß.

Clover Club (Bild Seite 33)
4 cl Gin, 2 cl Grenadine, Saft von ½ Zitrone, 1 Eiweiß. Großes Ballonglas.

Froth Blower
6 cl Gin, 1 Teel. Grenadine, 1 Eiweiß.

Pink Pearl (alkoholfrei)
4½ cl Grapefruitsaft, 6 Spritzer Grenadine, 1½ cl Zitronensaft, 1 Eiweiß.

Pink Lady
4½ cl Gin, 1½ cl Grenadine, 1 Eiweiß.

Pink Rose
4 cl Gin, 1 Teel. Grenadine, 1 Teel. Zitronensaft, 1 Teel. süße Sahne, 1 Eiweiß.

Pinky
3 cl Gin, 3 cl Grenadine, 1 Eiweiß.

Royal Clover Club
4½ cl Gin, 1½ cl Zitronensaft, einige Tropfen Grenadine, 1 Eigelb.

Die nächsten Cocktails rühren:

Polo
2 cl Zitronensaft, 2 cl Wermut Rot, 2 cl Wermut Dry, 2 cl Gin.

Raymond Hitch
4½ cl Wermut Rot, 1 Spritzer Orange-Bitter, 1½ cl Orangensaft.

Smiler
3 cl Gin, 1½ cl Wermut Dry, 1½ cl Wermut Rot, 1 Spritzer Orangensaft, 1 Spritzer Angostura-Bitter.

Tango
3 cl Gin, 1½ cl Wermut Dry, 1½ cl Wermut Rot, 1 Barlöffel Orangensaft, 2 Spritzer Curaçao.

Trocadéro
3 cl Wermut Dry, 3 cl Wermut Rot, 2 Spritzer Orange-Bitter, 2 Spritzer Grenadine.

Die folgenden Cocktails werden mit 3 bis 4 Eiswürfeln im Shaker gründlich geschüttelt und in ein Cocktailglas geseiht. Hier die Namen und Zutaten:

Bennett (Bild Seite 33)
1½ cl Zitronensaft, 4½ cl Gin, 2 Spritzer Angostura-Bitter.

Buds (Bild Seite 33)
4 cl Cointreau, 2 cl süße Sahne, 1 Spritzer Angostura-Bitter.

Cooperstown
2 cl Wermut Dry, 2 cl Wermut Rot, 2 cl Gin. Mit frischen Minzeblättern schütteln.

Hawaiian
3 cl Gin, 1½ cl Curaçao, 1½ cl Orangensaft.

Lady Chatterley
3 cl Gin, 1 cl Curaçao, 1 cl Wermut Dry,
1 cl Orangensaft.

Marmalade
1 Teel. Orangenmarmelade, 4½ cl Gin, 1½ cl Zitronensaft.

Mr. Manhattan (Bild Seite 33)
1 Stück Zucker, 2 Eßl. Wasser und 3 zerdrückte Minzeblätter mit 6 cl Gin, 4 Spritzern Zitronensaft und 1 Teel. Orangensaft schütteln. Im Old-Fashioned-Glas servieren.

Opal
1 cl Cointreau, 2 cl Orangensaft, 3 cl Gin.

Jo'burg
Auf Eiswürfel im Shaker 2 Spritzer Angostura-Bitter geben und ½ Teel. Curaçao, 1 cl Wermut Dry, 1 cl Wermut Rot und 2 cl Gin dazu. Schütteln und in ein Cocktailglas seihen.

California
2 cl Gin, 2 cl Wermut Dry, 2 cl Zitronensaft.

Folgende Cocktails werden auf 2 Eiswürfel in ein Rührglas gegeben, gut durchgerührt und in ein vorgekühltes Cocktailglas geseiht. Hier die Namen und Zutaten:

Astoria
4 cl Gin, 2 cl Wermut Dry, 1 Spritzer Orange-Bitter.

Baron
2 cl Wermut Dry, 4 cl Gin, 6 Spritzer Curaçao,
2 Spritzer Wermut Rot.

Blenton
2 cl Wermut Dry, 2 cl Gin, 1 Spritzer Angostura-Bitter.

Bloodhound (Bild Seite 33)
1½ cl Wermut Dry, 1½ cl Wermut Rot, 4 cl Gin.
Einige Erdbeeren ins Glas geben.

Bronx Terrasse
3 cl Gin, 1½ cl Wermut Dry, 1½ cl Zitronensaft.

Chorus Lady
1½ cl Gin, 1½ cl Wermut Rot, 1½ cl Wermut Dry,
1½ cl Orangensaft.

Church Parade
4 cl Gin, 2 cl Wermut Dry, 1 Spritzer Orangensaft, 1 Spritzer Curaçao.

Fifty Fifty
3 cl Gin, 3 cl Wermut Dry.

Gipsy (Bild Seite 33)
3 cl Gin, 3 cl Wermut Rot. Mit Zitronenschale abspritzen.

Guards
3 cl Gin, 1½ cl Wermut Rot, 1½ cl Curaçao.

Luigi
1 cl Orangensaft, 1 cl Wermut Dry, 1 cl Cointreau (oder Curaçao), 1 Teel. Grenadine, 2 cl Gin.

Montpellier (Bild Seite 33)
2 cl Wermut Dry, 4 cl Gin. 1 eingelegte Perlzwiebel ins Glas.

Orange Bloom
2 cl Wermut Rot, 2 cl Cointreau, 4 cl Gin.

Folgende Drinks werden mit 3 Eiswürfeln im Shaker so kräftig geschüttelt, bis dieser sich außen beschlägt. In ein Old-Fashioned-Glas seihen.

Weißer Elefant
1½ cl Wermut Rot, 4½ cl Gin, 1 Eiweiß.

West Indian
4 Spritzer Angostura-Bitter, 4 cl Gin, 1 Teel. Zuckersirup, 1 Teel. Zitronensaft.

Silver King
5 cl Gin, 1 cl Zitronensaft, 2 Spritzer Orange-Bitter, 1 Eiweiß.

Twin Six
1½ cl Wermut Rot, 4½ cl Gin, 1 Spritzer Grenadine, 4 Spritzer Orangensaft, 1 Eiweiß.

Die folgenden Fizzes werden mit 3 Eiswürfeln im Shaker kräftig geschüttelt, in ein Becherglas abgeseiht und, wenn nicht anders angegeben, mit Soda aufgefüllt und 1 Scheibe Zitrone garniert.

Ginger Fizz
Saft von ½ Zitrone, 1 Teel. Zucker, 5 cl Gin. Mit Ginger Ale auffüllen.

Gin Puff (Bild Seite 33)
5 cl Gin. Mit kalter Milch aufgießen.

Golden Fizz (Bild Seite 33)
1 Eigelb, 1 Teel. Vanillinzucker, Saft von ½ Zitrone, 5 cl Gin.

Hoffman Fizz
Saft von ½ Zitrone, ½ Teel. Zucker, 5 cl Gin, 1 Spritzer Grenadine.

Diamond Fizz
Saft von ½ Zitrone, 1 Teel. Puderzucker, 5 cl Gin. Mit Champagner oder Sekt auffüllen.

Champagne Fizz
3 cl Gin, 2 cl Zitronensaft, 1 cl Zuckersirup (Seite 20). Im Rotweinglas servieren und mit Champagner oder Sekt auffüllen.

French 75
In eine große Sektschale 2 Eßl. kleingeschlagenes Eis geben. 4 cl Gin, 2 cl Zitronensaft und 1 cl Zuckersirup (Seite 20) dazu. Mit gut gekühltem Sekt aufgießen. Mit einer Maraschinokirsche, ½ Zitronen- und ½ Orangenscheibe garnieren.

Gin Fix
In den Shaker 3 Eisstücke geben. Dazu den Saft von ½ Zitrone und 1 Teel. Zucker, etwas Wasser und 5 cl Gin. Kräftig schütteln. In ein Punsch- oder Bowlenglas seihen, das mit Schnee-Eis zur Hälfte gefüllt wurde. Umrühren und mit Früchten wie Himbeeren, Johannisbeeren oder Erdbeeren garnieren (im Winter können es tiefgekühlte Beeren sein).

Adelaide
Den Saft von ½ Limette, 2 cl Wermut Rot und 4 cl Gin plus ½ Teel. Grenadinesirup mit Eis rühren. In ein vorgekühltes Cocktailglas seihen.

Seebrise
1 cl Grapefruitsaft, 1 cl Wermut Dry und 3 cl Gin mit Eiswürfeln rühren, in ein Cocktailglas seihen und mit 1 Grapefruitschnitz garnieren.

R. A.C.
2 Spritzer Angostura-Bitter, 2 cl Wermut Dry, 2 cl Wermut Rot und 4 cl Gin kräftig mit Eiswürfeln rühren. Mit einigen Tropfen Grenadinesirup färben und in ein Südweinglas seihen.

Cocktails klassisch und international

Die Bargetränke sind Kinder des vorigen Jahrhunderts, die in den zwanziger Jahren ihren Höhepunkt erlebten, immer der Mode unterworfen waren, in den späten siebziger Jahren wieder beliebt wurden und ihren neuen Höhenflug noch keineswegs beendet haben.
Heute gibt es etwa 10 000 anerkannte Mixgetränke, wie die Vereinigung der New Yorker Barkellner mitteilte. Eine große Zahl von ihnen existiert jedoch nur als Rezept und wird nicht mehr getrunken.
Nachdem die Drinks insgesamt herber und trokkener wurden, beginnt eine süße Minderheit wieder beliebt zu werden.
Es gibt Drinks, die nur für eine Saison leben, die auf einem Wettbewerb preisgekrönt werden und dann wieder verschwinden, andere haben sich über hundert Jahre erhalten. Der älteste dieser Cocktails ist der Dry Martini.
Bevor wir versuchen, die Deutungen und Legenden über den Namen »Cocktail« zu erzählen, sollte man den Cocktail, den beliebtesten und häufigsten aller Drinks, einmal definieren. Im »Großen Wörterbuch der deutschen Sprache« ist die Erklärung knapp: »Alkoholisches Mixgetränk, auf der Grundlage verschiedener Spirituosen, mit Früchten, Fruchtsaft und anderen Zutaten.« Kaum besser definiert »Macmillan's Modern Dictionary«: »Eisgekühlter Drink aus Spirituosen, Bitters, Geschmackgebern und Zucker gemacht.« Diese Erklärungen zeigen, daß Cocktail recht ungenau für alle Arten von gemixten Getränken verwendet wird, dabei hat der eigentliche Cocktail die Bedeutung eines Aperitifs, eines Before-Dinner-Drinks, in kleiner Menge serviert und auf einer starken Spirituose basierend. Dieses bedeutet, daß ein guter, ein echter Cocktail weder zu süß, noch zu nahrhaft (Eier, Sahne), noch zu fruchtig sein soll. Er soll den Appetit anregen und nicht mindern, und er soll immer sehr kalt sein. Wieder sind wir beim Cocktail der Cocktails, dem Dry Martini angelangt.
Im Laufe der Zeiten hat sich die Verwendung des Cocktails etwas verschoben, er ist zum nachmittäglichen und abendlichen Relax-Drink geworden.
In Deutschland ist er eigentlich nie so recht ein Aperitif gewesen, zumal wir die Aperitifsitte nicht pflegen und das Dinner auch nicht. Auf Kreuzfahrtschiffen kann man den Unterschied beobachten. Vor dem Dinner bevölkern die Amerikaner die Bar und trinken Cocktails, nach dem Dinner sitzen die Deutschen am Tresen und trinken. Die Neue Küche hat das ihrige getan, Martini und

Co. als Aperitifs zu verteufeln: der Champagner und Champagnerdrinks sind als Menü-Einleiter Mode geworden. Und nun ein bißchen Cocktailklatsch.
Woher kommt eigentlich der Name Cocktail? Am hartnäckigsten hält sich die Geschichte von der Wirtin Betsy, die im amerikanischen Unabhängigkeitskrieg Soldaten mit einem Mixgetränk überraschte, an dessen Glas sie als Dekoration eine Hahnenfeder geklebt hatte (Version 1). Version 2: Das Mixgetränk schillerte in allen Farben. Auf jeden Fall soll ein französischsprachiger Offizier gerufen haben: »Vive le coq's tail!«
Die zweite Geschichte ist bei den Hahnenkämpfen angesiedelt. Wenn man nach dem Kampf einen Kurzen auf den Sieger trank, so hieß das: »Let us have a drink on the cock's tail!«
John Doxat, den wir noch näher beim Dry Martini kennenlernen werden, erzählt eine Trinkergeschichte, in der Halbblutpferde ihre Schweife aufrichteten – cock their tails.
Es gibt auch noch eine Anekdote von einer mexikanischen Beauty, die Cocktel hieß und einen speziellen Drink mixte.
Die wahrscheinlichste Geschichte: 1793 eröffnete Monsieur A. Peychaud in New Orleans eine Apotheke und verkaufte nach Familienrezept hergestellte »Bitters«. Diese nur tropfenweise zu verwendenden abführenden oder aromatisierenden oder sonstwie heilenden Medizinen waren damals in den USA das große Geschäft. Da die Flaschen heute gesammelt werden, weiß man, daß es fast 500 verschiedene Bittere gab. Einige werden noch heute in der Bar benutzt; die bekanntesten davon sind wohl der Angostura-Bitter und der Orange-Bitter.
Apotheker Peychaud verkaufte aber nicht nur Bittere in Flaschen, er gab auch Soforthilfe: Cognac mit einigen Tropfen Bitter, den er in Eierbechern ausschenkte. Auf französisch heißt Eierbecher Coquetier – und die Leute von New Orleans machten »Cocktail« daraus. Dieser Begriff taucht zum ersten Mal in der Zeitschrift »The Balance« in der Ausgabe vom 13. Mai 1806 auf und wird definiert als ein »stimulierendes Getränk aus Alkohol verschiedener Art mit Zucker, Wasser und Bitter«.

Ein Dutzend Drinks aus der Bar der 4 Flaschen (im Uhrzeigersinn): Bennett (Rezept Seite 27), Gipsy (28), Orange Blossom (25), Montpellier (28), Bloodhound (27), Mr. Manhattan (27), Gin'n it (25), Gin Puff (28), Gin Fizz (54), Buds (27), Golden Fizz (28) und Clover Club (26).

Die Kunst, einen Martini zu rühren

Gin ist die Basis dieses Cocktails, und es muß ein guter Gin sein. Denn ein perfekter Martini braucht einen vollen, sauberen und raffinierten Geschmack sowie viel Alkohol. Beefeater Gin garantiert zum Beispiel die feine Trockenheit, Gordon's ein besonders volles Aroma.
Ein ebenbürtiger Wermut Dry gibt das gewünschte Parfum, wobei das Verhältnis von Wermut und Gin seit Erfindung dieses Drinks die Barfachleute bewegt und »Martini-Schulen« ins Leben gerufen hat. Der schon erwähnte John Doxat, der ein ganzes Buch über den Martini Dry schrieb, hält das Verhältnis von 1 Teil Wermut auf 11 Teile Gin für optimal, während die US-Cocktail-Kapazität David Embury 1 zu 7 für perfekt hält. Beide Martinis sind sehr, sehr trocken, das bei uns praktizierte Verhältnis liegt bei 1 zu 4 oder 1 zu 5.
Unerläßlich ist ein Stückchen Zitronenschale, das man mit der Oberseite nach unten über dem fertigen Cocktail auspreßt. Das Zitronenöl aus der Schale soll einen hauchdünnen Film auf der Martini-Oberfläche bilden. Die Schale selbst kommt nicht in den Drink. Die Olive ist kein Muß, sondern Geschmackssache und optischer Effekt, ein Spritzer Orange-Bitter kann den Drink noch ein wenig raffinierter machen, wird aber von Martini-Puristen abgelehnt. Sehr wichtig ist die Kälte des Cocktails, die man durch viel Eis und kurzes (20 Sekunden) intensives, aber nicht hektisches Rühren erreicht. Zu langes Rühren verwässert den Drink, zu heftiges verletzt seine Konsistenz. Die Gläser sollten vorgekühlt sein, was man am besten erreicht, indem man ein Eisstück so lange im Glas schwenkt, bis es beschlägt.
Das Grundrezept:

Martini Dry
5 cl Beefeater Gin und 1 cl Martini Extra Dry Vermouth in ein Rühr- oder Mixglas geben, in dem reichlich Eiswürfel sind. Eventuelles Eiswasser vorher abgießen. Mit einem Barlöffel in einer Richtung rühren und dabei im Kopf bis zwanzig zählen. Den Drink sofort in ein vorgekühltes Glas seihen und mit der Zitronenschale abspritzen. Geben wir eine Olive dazu, dann eine grüne mit Kern. Den Martini in drei bedächtigen Schlucken trinken und dann genüßlich die Olive zerbeißen.

Martini John Doxat
In ein bis zur Hälfte mit Eis gefülltes Rührglas 12 cl Martini Extra Dry Vermouth gießen. Sobald er den Boden des Glases erreicht hat, abgießen. 6 cl Gin über das Eis gießen, 30 Sekunden umrühren. In ein gekühltes Glas seihen. Nach Doxats Meinung bleibt so viel Wermut am Eis hängen, daß ein Verhältnis von 1 zu 11 erzielt wird: eine recht verschwenderische Methode.

Doch es gibt noch viel zum Thema Martini zu sagen. Gehen wir zunächst einmal in die Geschichte zurück. Als Jerry Thomas, Urvater aller Barmixer und Autor des ersten Mix- und Drinkbuches »The Bon Vivant's Companion«, im Occidental Hotel, San Francisco, zwischen 1860 und 1862 den Martini erfand, schüttelte er ihn noch und nannte ihn zunächst Martinez.

MARTINI
EXTRA DRY
GORDON'S
IMPORTED
FROM ENGLAND

Aus der Cocktail-Familie:
links oben Manhattan Medium und Manhattan Sweet (Rezepte Seite 37);
links unten Wodkatini (37);
rechts oben Knickebein Kirsch und Knickebein Goldwasser (47);
rechts unten Alsatian und Aprikose (49).

Heute nennen wir ihn

Martini 1862
1 Spritzer Bitter, 2 Spritzer Maraschino, 4 cl Gin, 5 cl Wermut und 2 Eiswürfel in den Shaker geben und gründlich schütteln. In ein großes Cocktailglas seihen und ¼ Scheibe Zitrone dazugeben. Eventuell noch 2 Spritzer Zuckersirup dazugeben.

Der klassische Martini
Mehrere Eiswürfel in ein Mixglas geben, 5 cl Gin und 2 cl Wermut Dry darübergießen und mindestens so lange schnell rühren, wie man von eins bis zwanzig zählt. Dadurch werden Gin und Wermut völlig miteinander vermischt, der Drink bekommt einen vollen, milden Geschmack und wird eiskalt. Abseihen.

In Harry's Bar in Venedig rührt man vorsichtig, »damit der Gin nicht verletzt wird«. Das Cocktailglas, in dem man den Martini serviert, sollte im Kühlschrank gestanden haben; oder man schwenkt es mit einem Eisstück aus, damit es gut kalt wird. Es muß beschlagen, wenn man den Drink einfüllt. Dann kommt die traditionelle Olive dazu, die den Farbton verschönert, den Geschmack hebt und uns etwas zu beißen gibt, nachdem wir den Martini in drei Schlucken langsam und bedächtig getrunken haben.
Puristen und die meisten Barkeeper nehmen die einfache Olive mit Kern, nicht die gefüllte. Wenn aber gefüllt, dann empfiehlt sich Olive mit Mandel. Wie sagte ein Vertreter der Cocktailkultur der späten Zwanziger in London? »Natürlich kann ich auf die Olive in meinem Martini verzichten. Aber dann hätte ich nichts, was ich einer häßlichen Herzogin ins Dekolleté werfen könnte.«
In Amerika werden jährlich 1 Milliarde Martinis getrunken. Und zwar hauptsächlich mittags vor dem Lunch oder abends vor dem Dinner. Wobei man um Punkt 18 Uhr damit beginnen darf. Die Zahl der konsumierten Drinks ist nicht über den Daumen gepeilt, sondern wurde aus der Menge des in den USA verbrauchten Wermut Dry, der ausschließlich für Martinis verwendet wird, errechnet. »Ich schwenke lediglich den Korken einer Wermutflasche über dem Gin hin und her«, lautet eines der Extra-Dry-Rezepte oder aber: Wermut über das Eis gießen, wieder abgießen und dann den Gin mit dem wermutparfümierten Eis rühren. Das trockenste Rezept: Beim Gin-Eingießen eine Wermutflasche ansehen, aber nicht anfassen. Das alles hat mit Martini nichts mehr zu tun – es ist ein Vorwand, puren Gin zu trinken. Der wahre Reiz des Martinis ist die feine Geschmacksabstimmung von Gin und Wermut. Die amerikanischen Barkeeper unterscheiden den Martini Traditional mit einem Gin-Wermut-Verhältnis von 3 zu 1, den Martini Dry mit 5 zu 1 und den Martini Extra Dry mit 8 zu 1. Beim Martini können wir sehr gut studieren, wie durch kleinste Veränderungen der Zutaten neue Drinks entstehen. Es gibt Barmixer, die so ständig Neues mit neuen Namen erfinden. Wir selbst werden merken, daß durch die Verwendung verschiedener Gin-Marken (das gilt auch für die anderen Arten von Spirituosen) neue Geschmacksnuancen entstehen können. Deshalb ist die Nennung von Marken in Mixbüchern nicht immer gleich versteckte Werbung; manchmal ist der betreffende Drink eben nur mit der angegebenen Marke optimal.
Und nun aus der Fülle einige Martini-Rezepte.

Martini Medium
3 cl Gin mit 1 cl Wermut Dry und 1 cl Wermut Rot auf Eis rühren. Ins Glas seihen.

Martini Dry New Orleans
Einige Tropfen Pernod über das Eis geben und mit 4 cl Gin und 1 cl französischem Wermut verrühren. Ins Glas seihen.

Martini Medium Orange
1 cl Wermut Rot und 3 cl Gin mit Eis verrühren, ins Glas seihen, mit etwas Orangenschale abspritzen und mit ¼ Scheibe Orange garnieren.

Wenn Sie zu einem Martini Dry 2 Spritzer Dubonnet geben, bekommen Sie einen **Savoy Hotel Special**, mit 2 Spritzern Grenadinesirup wird der Martini zum **Atta Boy**, mit 3 Spritzern Campari zum **Martini Red**.

In der großen Martini-Familie gibt es einige Vettern, die entweder keinen Wermut oder keinen Gin enthalten. Bei großzügiger Auslegung darf man die hier folgenden zu den Martinis zählen.

Auf der Grenze steht der **Gibson**. In klassischen Rezeptbüchern wird er mit 1 cl Wermut Dry auf 5 cl Dry Gin gemacht und statt der Olive 1 Perlzwiebel eingelegt. Dann kam die Sitte auf, 2 Perlzwiebelchen einzulegen, als Toast auf die Brüstchen der Gibson-Girls. Man findet ihn aber auch mit Dry Sherry, der den Wermut ersetzt.

David A. Embury lobt einen Sherry-Martini mit dem Namen

Gordon
1 cl Duff Gordon Amontillado Sherry und 5 cl Gordon's Dry Gin auf die feine Martini-Art rühren. Der Amontillado ist ein süßer Sherry von sehr vollem Geschmack.

Steinhäger-Martini
2 cl italienischen Wermut Dry mit 4 cl Steinhäger und 1 Spritzer Orange-Bitter mit Eis rühren, ins Glas seihen und mit Olive servieren.

Gimlet
1 cl Lime Juice (gibt es in Flaschen zu kaufen) und 3 cl Gin mit Eis rühren und ins Glas seihen.

Chartreuse-Martini
1 cl Chartreuse Grün und 4 cl Gin mit Eis gut schütteln, ins Glas seihen und mit Zitronenschale servieren.

Wodka-Martini
1 cl französischen Wermut Dry, 1 cl italienischen Wermut Weiß und 3 cl Wodka mit Eis rühren, ins Glas seihen und mit Zitronenschale abspritzen.

Tequini
5 cl Tequila mit 1 cl französischem Wermut Dry auf Eis rühren und ins Glas seihen. Mit 1 Stückchen Zitronenschale und 1 Olive servieren.

Rum-Martini (Bild Einband Vorderseite)
1 Spritzer Orange-Bitter, 3 cl französischen Wermut Dry und 5 cl Puerto-Rico-Rum mit Eis rühren. Ins Glas seihen und mit gefüllter Olive (vorher abwaschen) servieren.

Wodkatini (Bild Seite 34)
5 cl Wodka mit 1 cl französischem Wermut Dry und 2 Spritzern Angostura-Bitter über Eis rühren, ins Glas seihen und mit 1 mit Pimiento gefüllten Olive servieren.

Mit diesen Rezepten haben wir uns vom eigentlichen Martini schon weit entfernt. Ein Wodka-Martini ist nämlich nichts anderes als ein hochalkoholisierter Wermut.
So erweist sich James Bond auch in diesem Fall als Banause.
»Einen trockenen Martini«, sagte James Bond.
»Nur einen – aber in einem Sektkelch.«
Diese goldenen Worte spricht Bond in jedem der 13 Fleming-Romane gelassen aus. Meist ist es ein Wodka-Martini, mit einer großen Scheibe Zitrone und, entgegen den gültigen Barmixer-Regeln, mit Eis geschüttelt und nicht nur gerührt. Bond trinkt ihn im Verhältnis 6 zu 1, das heißt: auf 6 Teile Wodka nur 1 Teil Wermut Dry.
Für mich ist der Martini der klassische Mix-Drink. Je exakter man ihn macht, desto besser wird er schmecken und bekommen. Ich liebe ihn aus großer Cocktailschale, so daß man die Olive schon beim zweiten Schluck erwischen kann.

Manhattan – die Nummer zwei unter den Cocktails

Grob über den Daumen könnte man sagen, daß der Manhattan ein Martini auf Whiskey-Basis ist. Wobei mit Whiskey der amerikanische Rye gemeint ist, meist der Bourbon verwendet wird und manche Mixer auf den neutraleren Canadian ausweichen. Nur mit Scotch geht es nicht: Er ist zu eigenständig und beißt sich mit Wermut.
Der Manhattan ist dort entstanden, wonach er benannt ist, im Herzstück von New York. Es muß um 1900 gewesen sein. Über die Grundzutaten Whiskey und Wermut ist man sich international einig, es gibt aber unzählige Auseinandersetzungen über die Mengenverhältnisse und die Wermutsorten sowie die weiteren Aromageber wie Angostura-Bitter oder Orange-Bitter oder ein paar Tropfen Maraschinokirschensaft und so weiter.
Wir unterscheiden drei Manhattan-Typen: Sweet, Medium und Dry, bei denen es nicht nur auf das Verhältnis Whiskey zu Wermut, sondern auch auf die Wermutsorten ankommt, wenn man sie ordentlich mixen will.

Manhattan Sweet (Bild Seite 34)
3 cl süßen italienischen Wermut mit 6 cl Bourbon Whiskey und 1 Spritzer Angostura-Bitter mit Eis gut rühren. In ein Cocktailglas seihen, mit einer Maraschinokirsche dekorieren.

Manhattan Medium (Bild Seite 34)
1 cl süßen italienischen Wermut, 1 cl trockenen französischen Wermut, 4 cl Bourbon Whiskey,

1 Spritzer Angostura-Bitter oder Orange-Bitter mit Eis rühren, in ein Cocktailglas seihen. Mit Cocktailkirsche servieren.

Manhattan Dry
2 cl französischen Wermut, 4 cl Bourbon Whiskey mit 1 Spritzer Angostura-Bitter mit Eis rühren. In ein Cocktailglas seihen und mit 1 Stückchen Zitronenschale servieren.
Man kann den Manhattan noch mit 1 Tropfen Bénédictine, Chartreuse oder Cointreau parfümieren, es muß aber nicht sein.

Eine Variante, die ich im Hause Asbach trank

Haus-Sturm-Manhattan
3 cl Old Forester Straight Bourbon Whiskey mit 3 cl Vermouth Punt e Mes auf Eis verrühren und in ein Cocktailglas seihen.

Die erhabene Einfachheit des Old Fashioned

In der präzisen Barsprache (wenn man hierbei überhaupt von präzise sprechen kann) ist der Old Fashioned eher ein kurzer Highball als ein Cocktail. Seine alkoholische Basis ist der Whiskey, seine (fast) einzige Zutat etwas Zucker und Angostura-Bitter. Schon hier prallen die Meinungen aufeinander. Nimmt man ein Zuckerstück, so muß es im Spezialglas (ein Old-Fashioned-Glas ist kurz, weit und hat einen geraden Boden) mit Angostura-Bitter und etwas Wasser zerdrücken und lösen. Da eine andere Gruppe jedes Wasser, außer den Eisstücken, im Old Fashioned ablehnt, beginnt sie das Rezept mit Zuckersirup.

Old Fashioned
In ein Glas 1 bis 2 Teel. Zuckersirup (Seite 20) geben und 1 bis 3 Spritzer Angostura-Bitter dazu. Mit einem Löffel gut verrühren. Etwa 3 cl Bourbon Whiskey dazugeben, wieder verrühren. Dann 2 Eiswürfel, in Stücke gebrochen (cracked but not crushed). Das Glas mit Whiskey auffüllen. 1 Zitronenschnitz dazugeben, etwas Zitronenschale darüberspritzen. Mit Cocktailkirsche am Pieker garnieren.

Die Maßangaben sind nicht allzu genau, aber ein guter Old Fashioned sollte etwa 8 cl Whiskey beinhalten. Mit 1 Spritzer Curaçao kann man ihn angenehm verbessern. Eine Unsitte ist dagegen, ihn mit Orangenscheiben, Grapefruitspalten und anderem Obst zu füllen: Sie haben nichts in die-

sem Drink zu suchen. Genausowenig wie aufgespritztes Sodawasser.
Nimmt man statt Whiskey Southern Comfort, so bekommt man einen **Southern Comfort Old Fashioned**, einen angenehmen Drink mehr zur süßen Richtung.

Seit der Mitte des vorigen Jahrhunderts wird in New Orleans eine Art Old Fashioned getrunken, der im Vieux Carré entstand:

New Orleans Sazerac
Im Mixglas 1 Teel. Zuckersirup (Seite 20) mit 2 Spritzern Peychaud's Bitter und 3 Spritzern Pernod oder Ricard verrühren. 6 cl Bourbon Whiskey dazu und 2 Eiswürfel. Gut rühren und in ein Old-Fashioned-Glas seihen.

Variante: Whiskey, Zuckersirup und Peychaud mit Eis ganz kalt rühren. Ein Old-Fashioned-Glas mit Eis vorkühlen, ausgießen. Mit Pernod ausschwenken, ausgießen. Whiskey ins Glas seihen, Zitronenschalenstreifen über das Glas legen. Oder ein Glas mit Eiswasser damit dekorieren.

Damit der köstliche Drink nicht verloren geht, hier Amerikas Lieblings-Aperitif Nummer zwei (nach dem Martini). Durch die Zutat Zitronensaft ein guter Übergang zu den Daiquiris.

Whiskey Sour
1 bis 2 Teel. Zuckersirup (Seite 20) mit 1½ cl Zitronensaft und 6 cl Bourbon Whiskey gut mit Eis schütteln und in ein großes Cocktailglas seihen. Er soll sauer, aber nicht übersauer sein.

Wer Rum sagt, mixt Daiquiri

Die ersten Rum-Drinks waren grob wie der damalige Rum. Man verdünnte sie mit Wasser, gab ein Stück Ingwer hinein und nannte sie »Coow Woow«. Oder man ersetzte den Ingwer durch Zucker und hatte einen »Kill Devil«. Der klassische Rum-Cocktail wurde 1896 erfunden und 1898 propagiert. Es ist der Daiquiri, und hier ist seine Geschichte: Der US-Ingenieur Jennings Cox lebte in Daiquiri auf Kuba. Just als er wichtigen Geschäftsbesuch bekam, war ihm der Gin ausgegangen. Er wollte seinen Freunden aber nicht Rum pur vorsetzen. Er pflückte im Garten einige Limonen, preßte sie aus, rührte den Saft mit Zucker an und goß mit Rum auf. Den Gästen schmeckte dieses Getränk in Daiquiri. Als zwei Jahre später die amerikanische Flotte Kuba blokkierte und nach der Landung in Daiquiri die Spanier vertrieb, bewirtete unser Ingenieur den US-Admiral Lucios Johnson wieder mit seinem Rum-Drink. Der ließ sich seine Fregatte mit kubanischem Rum volladen und führte den »Daiquiri« im Army und Navy Club in Washington ein. Es gibt über die Erfindung des Daiquiri sogar einen Limerick:

There was a gay man from a Mine
Liked Life, Laughter an Wine
A memory retentive
His nature inventive
Gave the world the Daiquiri fine.

Unvergessen ist auch Constante Ribalagua, der 1952 starb. In der »Floridita-Bar« in Havanna mix-

te er über 10 Millionen Daiquiris und quetschte etwa 80 Millionen grüne Limetten aus. Mit den Fingern, so daß immer etwas von dem Öl der Schale mit in seine Daiquiris kam.
Merke: der richtige Daiquiri wird mit Havana Club Rum oder weißem Bacardi gemacht.

Daiquiri
Saft von ½ Zitrone, besser Limette oder Limone, mit 1 Teel. Puderzucker und 5 cl weißem Bacardi auf Eis im Shaker schütteln. In gekühltem Cocktailglas servieren.

Es gibt bestimmt zwei Dutzend Daiquiri-Varianten, und fast jeder Barkeeper hat seine eigene Methode. Der eine schwört auf ein Stück Zucker, das er sorgfältig im Saft zerdrückt, und gibt dann den Rum dazu; der andere serviert »on the rocks«; wieder einer gibt ein Stückchen Limettenscheibe ins Glas; und in der »Floridita-Bar« in Havanna wurde er mit einem Spritzer Curaçao parfümiert. Die kälteste Form ist der

Frozen Daiquiri
7 cl weißen Rum, den Saft von 1 Limette und 1 Teel. Zucker in den Elektromixer geben. 3 Eßl. kleingehacktes Eis dazu. Den Mixer 10 Sekunden laufen lassen, bis das Eis zu Schnee geworden ist. In einem Sektglas mit Trinkhalm servieren.

Daiquiri Derby
Saft von ½ Zitrone (Limette) und 1 Orange, 1 Teel. Zuckersirup (Seite 20) und 5 cl weißen Rum mit feingehacktem Eis schütteln. Ungesiebt in einem großen Cocktailglas mit Zuckerrand servieren (wie man einen Zuckerrand macht, steht auf Seite 22).

Trader Vic's Daiquiri
3 cl Puerto-Rico-Rum, 1 cl Maraschino, ½ Teel. Zucker und 2 cl Limettensaft mit feingehacktem Eis gut schütteln und in einem Sektglas ungesiebt servieren.

Roter Daiquiri
1 Eßl. feingehacktes Eis mit einigen Himbeeren (sie können aus der Tiefkühltruhe und gefroren sein) im Mixer verquirlen. 5 cl Bacardi dazugeben, außerdem 1 cl Limettensaft und 1 Teel. Zucker. Schaumig quirlen und in ein vorgekühltes großes Cocktailglas gießen.

Pfirsich-Daiquiri
5 cl Bacardi, 1 Eßl. Limettensaft, 1 großen entkernten Pfirsich (oder auch Dosenpfirsichhälften) und 1 Teel. Zucker mit kleingeschlagenem Eis in den Mixer geben und diesen 15 Sekunden laufen lassen. In gekühltem Cocktailglas servieren.

Ohne weiteres kann man einen **Rum-Martini** (Rezept Seite 37) einen **Rum Manhattan**, einen **Rum Sour** oder einen **Rum Old Fashioned** machen.
Außerdem verträgt sich Rum (ich meine hier den leichten goldenen oder weißen) ungemein gut mit allen Fruchtsäften. Ich überlasse es Ihrem Geschmack, welchen Rum Sie am liebsten nehmen.

Ein Drink mit dem Namen Beiwagen

Der Sidecar ist der klassische Cognac-Drink. Er soll von Frank Meier, dem Chef aller Ritz-Bars, erfunden worden sein. Es wird aber auch diese romantische Geschichte erzählt: Im Ersten Weltkrieg erschien jeden Abend ein US-Captain in einer Pariser Bar und bestellte sich einen Drink nach eigenem Rezept. Weil der Captain anschließend immer von seiner Ordonnanz in einem Motorrad mit Beiwagen weggefahren wurde, bekam der Drink den Namen

Sidecar
2 cl Cointreau, 2 cl Zitronensaft und 2 cl Cognac mit Eis schütteln. In ein Cocktailglas seihen.
Das Verhältnis kann man so variieren: 2 cl Curaçao (oder Cointreau), 1 cl Zitronensaft und 3 cl Cognac. Man kann auch noch mit Zitronenschale abspritzen und diese als Garnierung an den Glasrand hängen.

Eine deutsche Version empfiehlt 2 cl Cointreau, 1 cl Zitronensaft und 3 cl Asbach Uralt.

Eine Variante oder aber ein Vorläufer ist der in Jerry Thomas' Drinkbuch von 1862 aufgeschriebene

Brandy-Cocktail
2 Spritzer Bitter, 2 Spritzer Zuckersirup (Seite 20), 5 cl Weinbrand oder Cognac und 2 Spritzer Curaçao triple sec in ein zu einem Drittel mit Eis gefülltes Becherglas geben. Mit Zitronenschale abspritzen und umrühren.

Cognac-Cocktail
2½ cl Cognac, 2½ cl französischen Wermut Dry und 1 Spritzer Orange-Bitter mit 1 Eiswürfel schütteln. In ein Cocktailglas seihen.

Cocteau-Cocktail
1 Stück Eis in ein Glas geben und 2 cl Cognac, 2 cl Cherry Brandy und 2 cl Orangensaft darübergießen. Umrühren und als sommerlichen Aperitif anbieten, wie es Cocteau so gerne tat.

Classic
3 cl Weinbrand, 1 cl Curaçao triple sec, 1 cl Maraschino, 1 Teel. Zitronensaft. Im Shaker mit 3 Eisstücken schütteln und in ein Glas seihen, das mit einem Zuckerrand (siehe Seite 22) versehen wurde.

Maria Stuart
3 cl Weinbrand mit 2 cl Drambuie im Glas auf Eis rühren. In ein vorgekühltes Cocktailglas seihen.
1 Stückchen Zitronenschale darüber ausdrücken und ins Glas geben.

Einige ausgesuchte Longdrinks: von links nach rechts Mint Julep (Rezept Seite 59), Tom Collins (54), Panamericana (57), Black Velvet (61).

Die Drinks mit dem Biß

Ein Klassiker unter ihnen ist der Nikolaschka, der aus Rußland stammt. Für mich eine Erinnerung an erste Barbesuche. Süße Drinks mochte ich nicht, und neben den Crustas und Cobblers sah er am begehrenswertesten aus.

Nikolaschka (Bild Einband Rückseite)
In ein Schnapsglas 3 cl Cognac oder Weinbrand geben und 1 dünne Zitronenscheibe ohne Schale als Deckel auf das Glas setzen. Mit einem Berg aus ½ Teel. feingemahlenem Kaffee und ½ Teel. Staubzucker bekrönen. Beim Trinken nimmt man die Zitronenscheibe mit dem Kaffee in den Mund, zerkaut sie und spült mit Cognac nach.

Strenggenommen ist der Nikolaschka genausowenig ein Cocktail wie all die anderen Drinks mit Biß. Man kann nämlich mit dem Nikolaschka-Prinzip spielen und viele Varianten erfinden. Fast klassisch ist

Nikolaschka Pilkallen
4 cl Doppelkorn mit 1 Scheibe grober, dünn mit Senf bestrichener Landleberwurst bedecken.

Nikolaschka Pernod
2 cl eiskalten Pernod, 1 cl Wasser und 1 cl Zitronensaft in ein schmales Glas geben. 1 dünne Scheibe Zitrone darauflegen und darauf 2 Shrimps oder Scampi, die mit 1 Tropfen Tabasco gewürzt wurden.

Setzen wir auf ein Glas Genever 1 Scheibe (fünfmarkstückgroß) alten Gouda, dann haben wir einen **Holländer**; mit Greyerzer auf Kirschwasser einen **Wilhelm Tell**; mit 1 Scheibe Salami und 1 Stückchen eingelegter Paprikaschote auf einem Barack Palinka eine **Piroschka**; mit 1 Scheibe Mettwurst und 1 Scheibe Salzgurke auf einem Doppelwacholder einen **Braunschweiger**; 1 Stückchen Vollkornbrot und 1 Stück Bismarckhering auf einem Doppelkorn ergibt einen **Bismarck**.
Tradition hatte der Aperitif-Schnaps aus dem alten Danzig, bei dem ein Appetitsild säuberlich über dem Rand eines Glases mit Wodka hing. In der Gegend zwischen Dortmund und Detmold begegnet man dem **Jämmerling**, ebenfalls einem Glas Wodka, über das eine Sardelle gehängt ist. Diese Trinksitte soll im vorigen Jahrhundert von polnischen Bergarbeitern mitgebracht worden sein.
Weitere Drinks mit Biß können Sie selbst erfinden.

Ebenfalls recht nahrhaft ist der folgende Drink, der einem am Morgen hilft, besser auf die Beine zu kommen. Weil er dazu sehr fein ist, heißt er

Ambassador's Morning Lift
In ein Phantasieglas 1 Eigelb geben und mit 2 cl Cointreau und 2 cl Weinbrand übergießen. Nicht verrühren. Etwas Muskat darüberreiben. Mit Löffel und Strohhalm servieren. Der Trinker verquirlt den Drink und saugt ihn durch den Strohhalm.

Für Autofahrer, weil alkoholfrei, ist dieser attraktive Tropen-Drink, der genauso gut schmeckt wie er aussieht: Amazonas (Rezept Seite 103) wird aus Mangosaft zubereitet.

In diese Gruppe der »Picker uppers« aus den zwanziger Jahren gehört auch der

Morning Glory Fizz
In einen Shaker kleingeschlagenes Eis geben, 2 Teel. Zuckersirup (Seite 20), Saft von ½ Limette, Saft von ½ Zitrone, 1 Eiweiß, 2½ cl Pernod, 4 cl Scotch Whisky dazu, kräftig einige Minuten schütteln, in ein vorgekühltes 0,2-l-Glas (Tumbler) gießen, mit dem Siphon Wasser dazuspritzen, dabei noch rühren. Schäumt, ist leicht milchig und »gibt einen guten Appetit und beruhigt die Nerven«.

Am besten aber bringt einen nach Glauben vieler Trinkergenerationen die Prairie Oyster auf die Beine. Es gibt mehrere Versionen, von denen die meisten alkoholfrei sind.

Prairie Oyster
In ein kleines Weinglas 1 Teel. Worcestersauce und 1 Teel. Tomatenketchup geben. 1 Eigelb daraufsetzen, das ganz bleiben muß. 2 Spritzer Weinessig und 1 Prise Pfeffer darübergeben.

Variante aus gleicher Quelle

Prairie Hen
In ein kleines Weinglas 2 Spritzer Weinessig, 1 Teel. Worcestersauce und 1 ganzes Ei geben, bei dem das Gelb ganz bleiben muß. 2 Spritzer Tabascosauce, Salz und Pfeffer darauf.

Damit man diesen Drink besser in einem kippen kann, gibt es die folgende Version:

Prairie Oyster 2
Ein kleines Weinglas mit 1 Teel. Olivenöl ausschwenken. 2 Teel. Worcestersauce, 1 ganzes Eigelb, 2 Teel. Tomatenketchup hineingeben. Mit Salz, Pfeffer und Rosenpaprika sowie mit einigen Tropfen Zitronensaft würzen. Nicht verrühren.

Bei Trader Vic wird die Prairie Oyster vermischt.

Prairie Oyster Trader Vic
1 ganzes Ei, 1 Teel. Worcestersauce, 1 Teel. Tomatenketchup, ½ Teel. Weinessig, 1 Prise Pfeffer und 1 Tropfen Tabascosauce zusammen mit ½ Schaufel geschabtem Eis in einen Elektromixer geben. Den Mixer 10 Sekunden laufen lassen und den Drink in einem Sektglas servieren.

Für Alkoholfreunde, die es auch am Morgen danach nicht lassen können, gibt es

Prairie Oyster Old Fashioned
In einem Old-Fashioned-Glas 4 cl Cognac mit 1 Eßl. Weinessig, 1 Eßl. Worcestersauce, 1 Teel. Tomatenketchup und 1 Teel. Angostura-Bitter verrühren. 1 Eigelb vorsichtig hineinsetzen und mit 1 Prise Cayennepfeffer bestreuen.

Wenn Sie kein rohes Eigelb mögen:

Old Pepper
4 cl Whisky, Saft von ½ Zitrone, 1 Teel. Worcestersauce, 1 Teel. Tomatensaft, 2 Spritzer Angostura-Bitter und 1 bis 2 Spritzer Tabascosauce gut miteinander verrühren und im Sourglas servieren.

Pousse Café – bunt wie ein Regenbogen

Pousse Café in der Barsprache heißt tiefstapelnd »kleiner Schnaps zum Kaffee«. Erfunden wurden die bunten Drinks im letzten Drittel des vorigen Jahrhunderts, als das Mixen aufkam und die Barkeeper entdeckten, daß man verschiedenfarbige Flüssigkeiten mit verschiedenem spezifischem Gewicht übereinander in ein Glas schichten kann, ohne daß sie sich vermischen. In den zwanziger Jahren waren sie très chic und wurden von den Damen zum Kaffee geschlürft: elegant mit dem Strohhalm, wobei man kunstvoll irgendeine Etage Likör wegtrinken konnte, ohne daß der Regenbogen im Glas ineinanderlief. Das Trinken war ebenso eine Kunst wie das Einschenken.
Daß es heute wieder Pousses Cafés gibt, ist nicht verwunderlich: Sie fordern den Basteltrieb des Amateur-Mixers heraus, sie verlangen ein Sortiment verschiedener ausgefallener Liköre (aus den Häusern Marie Brizard oder Bols in breiter Palette angeboten), sie passen zu Gallévasen, buntem Folklore-Look und blaßgeschminkten Lippen. Die Technik: unterste Schicht ist meist ein Sirup wie Grenadine oder ein sirupartiger Likör wie Cassis, kräftige Farben bringen Peppermint Grün, Curaçao Blau, Cacao Braun oder Chartreuse Gelb; oberste Schicht eine nicht zukkerhaltige Spirituose wie Cognac, Wodka, Calvados oder Kirschwasser. Zum Aufbau eines solchen Drinks braucht man ein schmal-hohes Glas (Bols-Likörglas), eine ruhige Hand und einen Barlöffel oder ein zweites Glas zum Eingießen. Auch beim Servieren sollte man nicht zittern.

Einige Beispiele:

Van Gogh (rot, grün, weiß, braun)
In ein schmales Likörglas zu gleichen Teilen vorsichtig übereinandergießen: 1. Grenadinesirup, 2. Crème de Menthe Grün, 3. weißen Kümmel, 4. Cognac.

Da Vinci (violett, weiß, goldfarben, braun)
In ein schmales Likörglas zu gleichen Teilen vorsichtig übereinandergießen: 1. Parfait-Amour, 2. Maraschino, 3. Chartreuse Gelb, 4. Cognac.

Jersey Pousse Café (grün, goldbraun)
In ein schmales Likörglas vorsichtig zu gleichen Teilen Chartreuse Grün und Cognac Fine Champagne übereinandergießen.

Pousse Café Français (rot, braun, gelb, goldbraun)
In ein schmales Glas vorsichtig zu gleichen Teilen Himbeersirup, Crème de Cacao, Chartreuse Gelb und Cognac Fine Champagne übereinandergießen.

Pousse Café Italien (rot, farblos, grün)
In ein schmales Glas vorsichtig zu gleichen Teilen Grenadine Sirup, Maraschino und Chartreuse Grün übereinandergießen.

Auch Knickebein kommt wieder

Ein nahrhafter Drink unserer Großeltern, der jetzt wieder in Mode kommt, ist der Knickebein. Man braucht zu dieser Abwandlung des französischen Pousse Café ebenfalls jenes schlanke Glas, das sich oben kelchartig ausweitet. Dazu ein von allem Eiweiß befreites Eigelb, das die eine Schnapssorte von der anderen trennt (knickt). In den unteren Glasteil gehört der schwere Likör, nach oben der leichtere Schnaps.
Hier Beispiele:

Knickebein Kirsch (Bild Seite 34)
In den schmalen Kelch eines Bols-Likörglases Cherry Brandy gießen. Mit 1 Eigelb verschließen und darauf vorsichtig Kirschwasser geben. Servieren. Alle Zutaten sollten gut gekühlt sein.

Golden Slipper
In den schmalen Kelch eines Bols-Likörglases (es geht auch mit einem Sherryglas) Chartreuse Grün gießen. Mit 1 Eigelb (es muß heil bleiben) abschließen, darauf vorsichtig Danziger Goldwasser (gleiche Menge wie Chartreuse) geben. Alle Zutaten sollten gut gekühlt sein.

Weitere Kombinationsmöglichkeiten: Chartreuse – Cognac; Benediktiner – Cognac; Vanillelikör – Maraschino; Cherry Brandy – Danziger Goldwasser (Bild Seite 34).

4 Dutzend Cocktails rund um die Welt

In allen Ländern haben Barmixer schon immer ihren Ehrgeiz daran gesetzt, ganz besondere Cocktails zu erfinden – und sie tun es heute noch.
4 Dutzend Beispiele für diesen Erfindungsreichtum:

Erotica
2 cl Wodka, 2 cl Maracuja-Alkotropic, 2 cl Ananassaft und 2 Spritzer Angostura-Bitter mit Eis schütteln, in zwei Sektschalen seihen und mit Sekt auffüllen. Mit Kirsche und Ananas garnieren. (Prämiert in Baden-Baden 1969.)

Pétrifieur (Lähmer)
In einen großen Becher mit reichlich Eis 5 cl Wodka, 5 cl Cognac, 5 cl Gin, 5 cl Curaçao triple sec, 1 cl Grand Marnier, 3 Spritzer Angostura-Bitter und den Saft von 1 Zitrone geben. Mit Ginger Ale auffüllen. Mit Kirsche, Zitronen- und Orangenscheibe garnieren. Von diesem knappen halben Liter Drink bekommt jeder Gast nur einen. (Erfunden vom Sohn des Begründers von Harry's New York Bar in Paris.)

Cou Cou Comber
6 cl Wodka, 1 Teel. Pernod, Saft von ½ Limette und 1 Teel. Zucker mit Eis gut schütteln. In einem Stück ungeschälter, teilweise ausgehöhlter Salatgurke servieren. Salz und Pfeffer dazustellen, da-

mit man sein »Glas« nachher aufknabbern kann. (Letzte Erfindung von Joe Scialom in der Bar des Four Seasons in Manhattan.)

Fontana
2 cl Campari, 1 cl Grand Marnier, 1 cl Cointreau und 2 cl Orangensaft mit Eis schütteln. In Gläser seihen, mit Sekt auffüllen und mit Zitronenschale garnieren. (Prämiert in Hamburg 1966.)

Gritti Spezial
2 cl Campari, 3 cl Cinzano Vermouth Dry und 1 cl Chinamartini über Eis in ein großes Glas rühren. Mit dem Eis servieren. (Aus der Bar des Palazzo Gritti in Venedig.)

Alaska-Cocktail
4 cl Gin, 1 cl Chartreuse Gelb und 2 Spritzer Orange-Bitter mit Eis rühren und ins Cocktailglas seihen. (Hongkong Press Club Bar.)

Gin and Onion
1 Teel. gehackte Perlzwiebeln, 1 Teel. Zwiebelsaft, 9 Teel. Gin und 1 Teel. Sodawasser gut gekühlt ins Cocktailglas geben. (Gymkhana Club, Neu-Delhi.)

South Express
2 cl Kirschwasser, 2 cl Noilly Prat und 2 cl Cinzano Rot mit Eis rühren. In ein Cocktailglas seihen. (Regina Bar in München, Erfindung von Conrad Rosenow.)

Criterion Swizzle
2 Spritzer Orange-Bitter, 4 Eßl. Cognac und ½ Eßl. Nußlikör oder Crème de Cacao Weiß über geschabtes Eis in ein Old-Fashioned-Glas geben und mit einem Sektquirl verrühren. Durch kurzen Strohhalm trinken. (Von Leo Engel, Criterion Hotel, London.)

Cherry Blossom
3 cl Irish Whiskey, 3 cl Zitronensaft, 3 cl Zitronenlimonade, 1 Schuß Grenadine und 1 Eiweiß mit Eis kräftig schütteln. In einem Weinglas servieren. (Bar des Shelbourne Hotels in Dublin.)

Handlebar
3 cl Scotch Whisky, 2 cl Drambuie und 1 cl Lime Juice von Rose's mit Eis schütteln. (Wird in der Oak Bar des Plaza Hotels in New York in Bart-Tasse serviert, denn Handlebar ist der Name für den Schnurrbart, der geschwungen die Wangen bedeckt.)

Kirsch-Cocktail
1 Teel. Grenadine mit 5 cl Kirschwasser auf Eis im Shaker schütteln. Ins Glas seihen und mit Cocktailkirsche garnieren.

Adonis
4 cl trockenen Sherry mit 2 cl Wermut Rot und 1 Spritzer Orange-Bitter mit Eis rühren. In ein Cocktailglas seihen.

Karibischer Cocktail
2 cl Zitronen- oder Limettensaft mit 3 cl Ananassaft und 5 cl weißem Rum mit Eis schütteln. In ein Glas seihen.

Arosa
2 cl Scotch Whisky, 2cl Cointreau und 1 cl Orangensaft mit Eis schütteln. Ins Glas seihen. Mit 1 Cocktailkirsche garnieren und mit Zitronenschale abspritzen.

Rauhreif
2 cl Gin, 2 cl Curaçao triple sec, 1 cl braunen Rum, 2 Teel. Grenadine und 2 Teel. Zitronensaft im Shaker mit Eis schütteln. In eine mit einem Zuckerrand (siehe Seite 22) versehene Sektschale seihen.

Alexander II.
2 cl Kakaolikör, 2 cl Weinbrand und 1 cl süße Sahne mit Eis im Shaker schütteln und in ein Cocktailglas seihen.

Devil's Cocktail
½ Teel. Zitronensaft, 2½ cl französischer Wermut, 2½ cl Tawny-Portwein. Mit Eis gut rühren und in ein Glas seihen.

TNT
3 cl Pernod mit 3 cl Canadian Whiskey kurz mit Eis schütteln und in einem Whiskyglas mit 1 Stück Eis servieren.

Walter's
Saft von ½ Zitrone, Saft von ½ Orange, 3 cl Bourbon Whiskey mit Eis kräftig rühren und in ein Cocktailglas seihen.

Vodka Salty Dog
2 Eisstücke, Saft von ½ frischen Grapefruit, 3 cl Wodka in ein Becherglas geben, mit 1 Prise Salz würzen. Gut umrühren und servieren.

Alsatian (Bild Seite 34)
2 cl Kirschwasser mit 2 cl Weinbrand, 2 cl schwarzem kaltem Kaffee und 1 Teel. Zucker auf Eis gründlich schütteln. In ein Cocktailglas seihen.

Aprikose (Bild Seite 34)
2 cl Apricot Brandy mit 1 cl Mirabellengeist und 1 cl Orangensaft auf Eis schütteln. In ein Cocktailglas seihen.

Bosom Caresser
3 cl Weinbrand mit 1½ cl Cointreau, 1 Teel. Grenadine und 1 Eigelb auf Eis im Shaker kräftig schütteln. In ein Weißweinglas seihen. Wie der Name sagt: ein Damendrink.

Calvados-Cocktail
2 cl Calvados mit 1 cl Cointreau, 1 cl Orange-Bitter und 2 cl Orangensaft auf Eis im Shaker schütteln. In ein Weißweinglas seihen.

Cocktails klassisch und international

Capetown
3 cl Canadian Whiskey mit 3 cl Dubonnet, 1 Teel. Cointreau und 1 Spritzer Angostura-Bitter auf Eis rühren und in ein Aperitifglas seihen.

Claridge
1½ cl Gin, 1½ cl Wermut Dry, 1 cl Apricot Brandy und 1 cl Cointreau auf Eis rühren. In ein Cocktailglas seihen und mit Maraschinokirsche garnieren.

Stinger
3 cl Crème de Menthe Weiß und 3 cl Weinbrand auf Eis schütteln und in ein Cocktailglas seihen.

Ohio
2 cl Weinbrand und 1 cl Curaçao triple sec auf Eis verrühren. In eine Sektschale seihen und mit 1 Stück Orangen- und Zitronenschale und 1 Cocktailkirsche garnieren. 1 Schuß Sekt dazu.

Moulin Rouge
4 cl Apricot Brandy mit 1 cl Orangensaft und 1 cl Zitronensaft auf Eis schütteln. In ein Cocktailglas seihen und 1 Schuß Gin dazugeben.

Margarita
Cocktailglas, wie bei Zuckerrand (Seite 22) beschrieben, mit Zitronenscheibe behandeln. Jedoch statt in Zucker in Salz stippen. 3 cl Tequila mit 1 cl Curaçao triple sec und 1 cl Limetten- oder Zitronensaft auf Eis schütteln. Ins Glas mit Salzrand seihen.

Joker
3 cl Whisky, 1½ cl Dubonnet und 1½ cl Grand Marnier auf Eis schütteln. In ein Cocktailglas seihen.

Tak
3 cl Wodka, 2 cl Dubonnet, 1 cl Cointreau und 1 Spritzer Angostura-Bitter auf Eis rühren. In ein Glas seihen und mit Zitronenschale garnieren.

Bourbon mit Ingwer
Von einer frischen Ingwerknolle 3 dünne Scheibchen abschneiden und mit 5 cl Bourbon 10 Minuten ziehen lassen. Whiskey mit 1 cl Orangensaft auf Eis schütteln und mit 1 Scheibe frischem Ingwer in Whiskyglas servieren.

Russian
Rote Bete aus dem Glas in den Mixer geben und 25 Sekunden pürieren. Die Masse in Eiswürfelbereiter füllen und gefrieren lassen. Jeweils 5 cl Wodka, sehr gut vorgekühlt, mit 2 Rote-Bete-Würfeln in ein Glas geben. Mit etwas grobgemahlenem Pfeffer bestreut servieren. Optimal: Lemon Pepper von Spice Islands.

Sollten Sie einmal den Wunsch verspüren, selber ein wirklicher Bar-Artist zu werden, dann versuchen Sie sich am Blue Blazer, wie ihn Jerry Thomas beschreibt. Ich empfehle Ihnen aber, zunächst im Freien und mit feuerfesten Handschuhen zu üben.

Jerry Thomas' Blue Blazer
»Füllen Sie 3 Unzen (7,5 cl) schottischen Whisky in einen Krug und genausoviel kochendes Wasser in einen zweiten. Erhitzen Sie den Whisky über dem Feuer, zünden ihn an, und während er brennt, mischen Sie beide Zutaten, indem Sie sie vier- oder fünfmal von einem Krug in den anderen umgießen. Wenn das gut gemacht wird, sieht es aus wie ein unaufhörlicher Strom von flüssigem blauem Feuer. Süßen Sie mit einem Teelöffel gestoßenem weißen Zucker und servieren Sie mit einem Stück Zitronenschale in einem Becherglas.«

Neu sind in den letzten Jahren die italienischen Liköre Amaretto (Mandelgeschmack), Galliano (blumig-vanillig), die südamerikanischen Schnäpse Tequila (Agave) und Pisco (Muskat) hinter die deutschen Bartheken und in die Hausbars gekommen. Hier 4 Cocktails:

Roadrunner
3 cl Wodka, 1½ cl Amaretto und 1½ cl Kokosmilch mit zerkleinertem Eis gründlich schütteln. In ein Cocktailglas seihen und mit Muskat überreiben.

Casablanca
3 cl Wodka, 1½ cl Eierlikör und 1½ cl Galliano mit 1 Eßl. Zitronensaft, 1 Teel. Orangensaft und reichlich Eis schütteln. In ein Cocktailglas seihen und mit 1 dünnen Orangenscheibe garnieren.

Picador
3 cl Tequila und 1½ cl Kahlúa (Kaffeelikör) mit gestoßenem Eis gut rühren. In ein Cocktailglas seihen und 1 Teel. Zitronensaft dazugeben.

Don Alberto
2 cl Pisco, 2 cl roter italienischer Wermut, 1 cl Cointreau und 1 cl Grenadine mit Eiswürfeln schütteln. In ein Cocktailglas seihen und 1 Kirsche dazugeben.

Rose
Der In-Drink der späten Zwanziger in Paris. Von Johnny Milta, Chatham Bar, erfunden.
In einen Shaker 3 Eisstücke, 2 cl Kirschwasser, 4 cl Noilly Prat Vermouth und 1 Teel. Himbeersirup geben. Schütteln, in ein Cocktailglas seihen und mit 1 Kirsche dekorieren. Ein mittelstarker rosafarbener Drink für Herren, dessen männlichere Fassung aus 1 cl Wermut und 5 cl Kirschwasser besteht. Merke: Nur die rosa Farbe zählt.

Karlchens Tycoon
Im Shaker mit Eis 1 cl Zitronensaft mit 4 cl Wodka, 1 cl Chartreuse Grün und 1 cl Grenadine schütteln. In ein Cocktailglas seihen.

Nelke Spezial
6 cl weißen Puerto-Rico-Rum (Ron Rico), 1 Eiweiß, 3 Gewürznelken, 1 Teel. Limettensaft und 1 Teel. Zuckersirup (Seite 20) mit reichlich Eis in einem Shaker schütteln. In ein Cocktailglas seihen und mit 1 frischen Lorbeerblatt dekorieren.

Cocktails klassisch und international

Kentucky Sunshine
4 cl Bourbon Whiskey Medley de Luxe, 2 cl Apricot Brandy und 2 cl Aprikosensaft mit einigen Eisstücken in den Shaker geben und gut durchschütteln. In ein Cocktailglas seihen und mit 1 Stück getrockneter Aprikose bester Kurqualität, das man in Whiskey hat quellen lassen, servieren.

Wild Irish Rose
5 cl Irish Whiskey mit 3 cl Zitronensaft und 1 Schuß Grenadinesirup auf Eis schütteln. In ein kräftiges Becherglas seihen.

Southern Sour
4 cl Southern Comfort, 2 cl Zitronensaft, 1 cl Orangensaft und ½ Eiweiß mit 2 bis 3 Eiswürfeln in einen Shaker geben und kräftig schütteln. In ein halbhohes Glas abseihen.

Dannys Spezial
6 cl Bourbon Whiskey mit 3 cl Cointreau, 3 Eßl. Zitronensaft und 1 Teel. Grand Marnier auf Eis rühren und mit 1 Eiswürfel in einem Old-Fashioned-Glas servieren. Man kann mit 1 Orangenscheibe garnieren.

Casino
4 cl Gordon's Dry Gin, 2 cl Cointreau, 1 cl Zitronensaft und 1 Spritzer Angostura-Bitter mit reichlich Eis in einen Shaker geben. Gut schütteln. In ein Cocktailglas seihen und mit 1 Kirsche garnieren.

Mit neuen Likören wie Pink-Melon oder Kiwi-Kiwi wurden die Drinks farbiger, so daß auch der Klassiker Curaçao Blue eine Renaissance erlebte. Hier einige neue Rezepte:

Captain Cook
3 cl Kiwi-Kiwi mit 2 cl Gin und 1 cl Zitronensaft mit Eis im Shaker schütteln und in ein Cocktailglas seihen. Mit Strohhalm servieren.

Pink Punk Drink
2 cl Pink Melon mit 2 cl weißem Rum und 2 cl Zitronensaft auf Eis im Shaker schütteln und in ein Cocktailglas seihen. Kann mit einem kleinen Schnitz Wassermelone garniert werden.

Adria Look
2 cl Curaçao Blue, 2 cl Gin und 2 Teelöffel Zitronensaft in ein Rührglas mit Eis gießen. Gut vermischen. In eine Sektschale seihen, mit Sekt auffüllen und mit einer Cocktailkirsche garnieren.

Longdrinks sind »die« Partygetränke

Sommer, Sonne, Durst.
Erfrischende Getränke in vor Kälte beschlagenen Gläsern. Langsam und genüßlich ausschlürfen und Aaahh sagen.
Bei Parties ist die weiche Welle Trumpf. Die lange Welle. Wer »in« sein will, hält sich an Longdrinks (möglichst an eine Sorte) und bleibt damit auch länger »da«.
Longdrinks lassen auch einen Abend ausklingen, der mit Cocktails begonnen hat. Oder ein Essen beginnen, wie wir in dem Kapitel über die »neuen« Aperitifs lesen werden.
In der Sprache der Mixer hinter und der Drinker vor der Bartheke, die man auch, sind sie Kenner, »Bar-Flies« nennt, ist der Begriff »Longdrink« ein vages Wort. Es bezeichnet »ein Mischgetränk, dessen Menge über das Cocktailmaß von 5 cl hinausgeht und das mit Fruchtsaft, Sodawasser, Limonade oder Sekt/Champagner aufgegossen wird«. In der offiziellen Barsprache nennt man die Gruppe zusammenfassend »Tall Drinks«, mixt oder bestellt sich aber gezielt einen Highball, Buck, Rickey, Collins, Fizz, Daisy, Fix, Julep, Cobbler, Cooler, Sangaree, Punch und so weiter.
Fast alle Getränke, die ab jetzt in diesem Buch folgen, könnte man mit Longdrinks bezeichnen, wobei die heißen Getränke eine Gruppe für sich bilden. Wiederholen wir noch einmal für unseren Alltagsgebrauch:
Longdrinks werden die alkoholschwachen und flüssigkeitsreichen Getränke genannt, die man in großen, vor Kälte beschlagenen Gläsern serviert. In denen Eisstücke klirren. Vergessen wir es nie:

- Alle Longdrinks müssen eiskalt sein.
- Alle Longdrinks sollen in erster Linie den Durst stillen, das heißt, sie dürfen nicht zu alkoholreich sein und sollten säuerlichen Charakter haben.

Anmerkung zum Thema Wasser: In der Bar wird weniger kohlensäurehaltiges Mineralwasser und mehr künstliches Sodawasser benutzt. Das kommt daher, weil manche Mineralwasser einen Eigengeschmack haben, der einen Drink beeinflussen kann. Zum anderen, weil Sodawasser in Kleinstflaschen gerade recht für einen Drink angeboten wird. Ich finde, daß manche der Sodawasser nach Pappe schmecken und verlange in einer Bar eigentlich immer Perrier zu meinem Sodadrink.
Recht schick ist es, sich mit Hilfe eines Siphons (die alte Form mit dem schweren Drahtmantel ist die schönste) Sodawasser selber zu machen. Doch das setzt voraus, daß man einen eigenen Brunnen hat oder daß das Wasser aus der Leitung genießbar ist. Oder aber man füllt ein stilles Mineralwasser ein.

Im Anfang war der Gin

Der klassische Longdrink, der alle diese Voraussetzungen erfüllt, stammt aus Amerika und heißt nach dem Glas (ein hoher Becher, der zwischen ¼ und ½ l faßt), in dem er serviert wird:

Tom Collins (Bild Seite 43)
In ein großes Becherglas (Collinsglas), das zwischen 0,3 und 0,4 l faßt, 1 Teel. Zuckersirup (Seite 20), den Saft von 1 mittelgroßen Zitrone und 8 cl (2 Jigger) Beefeater Gin geben, umrühren. 4 große Eisstücke dazu. Mit Sodawasser auffüllen, so lange umrühren, bis das Glas beschlägt.

Die Collinses – nimmt man statt Gin Bourbon **Colonel Collins**, Irish Whiskey **Mike Collins**, weißen Rum **Pedro Collins**, Cognac **Pierre Collins**, Scotch **Sandy Collins,** Tequila **Juan Collins** – sind die ausgiebigsten Longdrinks, die es gibt. Sie sollen erfrischend sein wie Limonade, mit einem nicht zu großen Alkoholanteil, und sehr tall, also mindestens gut ¼ l. Macht man Tom Collins in einem kleineren Glas, wird er fast automatisch zum Gin Fizz, der allerdings stärker ist und sorgfältiger zubereitet werden muß.

Gin Fizz (Bild Seite 33)
1 Teel. Zuckersirup (Seite 20), den Saft von 1 mittelgroßen Zitrone und 6 cl Gin mit kleingehacktem Eis in einen Shaker geben und schütteln, bis der Shaker beschlägt. In ein 0,2-l-Becherglas (Highball-Glas) seihen, mit Sodawasser auffüllen und dabei umrühren. Mit Trinkhalm servieren. Natürlich soll auch das Soda eiskalt sein.

Nimmt man Sekt statt Soda, erhält man einen **Diamond Fizz**, 1 Teel. Himbeersirup ins Glas macht ihn zum **Albemarle Fizz**, 6 mitgeschüttelte reife Erdbeeren zum **Crimson Fizz**, Saft von ½ Zitrone und ½ Orange zur **Lustige Witwe (Merry Widow) Fizz**, dekoriert man einen Gin Fizz mit einigen Blättchen frischer Minze wird er zum **Alabama Fizz**, gibt man anstelle des Zuckersirups 1 Teel. Grenadine und 2 Teel. Orangensaft dazu, ergibt das **Texas Fizz**. Womit ich Ihnen schon 14 Longdrinks offeriert habe. So einfach ist das. Ersetzen Sie den Gin durch Brandy wie Metaxas ergibt es **Brandy Fizz**, durch weißen Rum **Rum Fizz**. Hier geht es wie bei den Collinses, nur, es werden keine Vornamen gebraucht, sondern die Spirituosensorte bestimmt den Namen.

Die **Daisies** sind etwa wieder dasselbe. Nur werden sie in einer möglichst großen Schale mit viel kleingehacktem Eis serviert. Das schmelzende Eis kühlt und verdünnt gleichzeitig diesen Longdrink. Statt Zuckersirup nimmt man zum Süßen und zum Färben Grenadinesirup.
Nach diesem eher klassischen Exkurs einige alte und neue Longdrinks mit Gin.

Süß und Sauer vereinigen sich in dem Drink, den Kolonial-Engländer erfanden. Hier das Rezept aus dem Raffles-Hotel in Singapur zu Kiplings Zeiten:

Singapore Sling
Mit 1 Eiswürfel 4 cl Zitronensaft, 4 cl Cherry Heering (Kirschlikör) und 8 cl Gin rühren. In zwei vor-

gekühlte große Gläser gießen und mit Sodawasser auffüllen.

Orange Blossom Special
2 Eiswürfel, 1 Tropfen Angostura-Bitter, 4 cl Gin und 8 cl Orange-Bitter in ein hohes Glas geben, einmal umrühren und mit 1 Zweig Minze garnieren.

Kiku
12 cl japanischen Reiswein, 2 cl Gin und 6 cl Ananassaft in ein hohes Glas mit viel ganz klein geschlagenem Eis geben. Durchrühren und servieren (stammt aus Tokio).

Hei Tiki
Den Rand eines 0,4-l-Becherglases mit 1 Stückchen Kiwi anfeuchten und in Puderzucker stippen, so daß ein gleichmäßiger Zuckerrand entsteht. Zu einem Drittel feingehacktes Eis hineingeben, 2 im Tiefkühlfach gefrostete Kiwischeiben dazu. In einem Rührglas mit 3 Eiswürfeln 2 cl Cointreau, 6 cl Gin und 2 cl süßen weißen Wermut gut verrühren. Die Mischung in das Zuckerrandglas gießen und mit 0,2 l Tonic Water aufgießen. Mit Trinkhalm und Pieker für das Obst servieren.

Pimm's Nr. 1 Cup (Bild Einband Vorderseite)
In ein großes Becherglas einige Eiswürfel geben, dazu 5 cl Pimm's, ⅛ ungespritzte Zitrone und ⅛ Orange, 2 Gurkenscheiben mit Schale und 1 Apfelschalenspirale. Mit Ginger Ale auffüllen. Pimm's Nr. 1 ist eine fertige Mischung auf Gin-Basis. Sie können auch Gin nehmen, etwas Zukkersirup und mit Bitter Lemon auffüllen, aber ganz genauso schmeckt es natürlich nicht.

Zur Italo-Welle – italienische Bitters oder Liköre werden mehr und mehr importiert wie der Mandellikör Amaretto di Saronno, der Mandarinenlikör Solda, der Vanille-Gewürzlikör Galliano oder der Feinbitter Averna Amaro – gehört dieser

Summer
3 cl Averna Amaro und 3 cl Gin mit 1 Orangenschalenspirale, viel Eis und Tonic Water in einem Collins-Glas servieren. Mit sizilianischer Orangenscheibe garnieren.

Rum: Tropen frei Haus

Neben dem Gin ist der Rum einer der häufigsten Longdrink-Schnäpse, wie zum Beispiel im

Cuba libre
In ein großes Glas 3 Eiswürfel geben, dazu den Saft von ½ Zitrone oder Limette und 4 cl weißen Rum. Mit Cola auffüllen.

Die Heimat der Rum-Drinks sind die Inseln der Karibischen See. Das ist nicht weiter verwunderlich, weil da der Rum herkommt. Ganz berühmt ist ein kalter Punsch, der je nach der Sprache seiner Heimatinseln Planteur heißt oder

Planter's Punch
Ein hohes Glas halb mit kleingehacktem Eis füllen. Ein paar Tropfen Grenadine dazugeben und 6 cl weißen oder goldenen Rum. Mit Orangensaft auffüllen, gut umrühren und mit 1 Stück Orange, 1 Kirsche und einigen Minzeblättern garnieren.

Planter's Punch in Safari-Version
4 cl Bacardi Gold, 2 cl Myer's Rum, 2 cl Zitronensaft, 6 cl Orangensaft, 2 cl Maracuja-Aprikose-Fruchtnektar auf Eiswürfel in ein großes Glas gießen. Mit einem Barlöffel gut umrühren. Dann je ½ Scheibe Zitrone und Orange und 1 Scheibe Kiwi dazugeben. 1 Tropfen echte flüssige Vanille darauf zerlaufen lassen, das gibt den Safaritouch. Mit Trinkhalm servieren. Da echte flüssige Vanille hierzulande nicht so einfach zu bekommen ist, kann man von einer Vanillestange auf einer feinen Reibe etwas abreiben und auf dem Drink schwimmen lassen.

Von den Bahamas stammt der

Rum Twister
In einen Shaker den Saft von 1 Limette geben, dazu 5 cl weißen Rum und 1 cl Curaçao triple sec oder Cointreau. Mit kleingehacktem Eis schütteln. In ein Glas seihen, reichlich kleingehacktes Eis dazugeben und mit Soda auffüllen. Mit 1 Limettenscheibe garnieren.

Bleiben wir in der Gegend:

Caribic Drink
4 cl Limettensaft (notfalls Zitronensaft) mit 6 cl weißem Rum, 6 cl Cream of Coconut (gibt es in Dosen) und 4 cl Curaçao Blau mit einigen Eiswürfeln im Shaker schütteln. Zwei ¼-l-Gläser (Phantasieform) zur Hälfte mit sehr fein zerschlagenem Eis füllen, die Mischung gerecht in die Gläser seihen. Mit je 2 Mango- oder Passionsfruchtwürfeln und 1 Zweig Minze dekorieren.

Variante: Die Drinks werden grün statt blau (und schmecken noch erfrischender), wenn man statt Curaçao grüne Crème de Menthe nimmt.

Conquistadores
2 Eiswürfel in ein hohes Glas geben, darüber 5 cl weißen Rum, 3 cl Orangensaft und 1 Cocktailkirsche. Rühren und mit Bitter Lemon auffüllen.

Tiki Joe
Weißen Rum und Campari zu gleichen Teilen umrühren. Über viel Eis mit Orangensaft auffüllen.

Screwdriver Jamaica
2 Eiswürfel in ein Becherglas, darüber 4 cl 54%igen braunen Rum. Gut durchrühren und mit Orangensaft auffüllen.

Pina Fria
4 Eiswürfel in den Shaker geben, dazu 4 cl Ananassaft, 4 cl weißen Rum und 3 Tropfen Angostura-Bitter. Schütteln, bis der Shaker beschlägt. In ein mittelgroßes Glas seihen.

Batiste
4 Eiswürfel in ein Becherglas geben. Darüber 2 cl Grand Marnier und 4 cl Jamaika-Rum oder goldenen Rum gießen. Kräftig rühren und in ein kaltes Martiniglas seihen.

Rum Marama
3 Eiswürfel in ein Longdrink-Glas geben, dazu 4 cl braunen Rum. Mit Marama (Maracujasaft) auffüllen und umrühren.

Josephine
4 cl weißen Rum und 2 cl Vermouth Napoléon über 2 Eiswürfel und 1 Schnitz Grapefruit gießen, einmal umrühren und mit Bitter Lemon auffüllen.

President's Bull Shot
4 cl braunen Rum mit 8 cl klarer entfetteter kalter Fleischbrühe gut verrühren. Mit 1 Schnitz Zitrone und kleingeschlagenem Eis im Glas servieren.

Tropical
In ein großes Glas 2 Eisstücke und einige Ananasstückchen geben. Dazu 3 cl Jamaika-Rum. Gut schwenken und mit Sangrita auffüllen.

Panamericana (Bild Seite 43)
1 cl weißen Rum, 2 cl Bananavit, 4 cl Whisky und den Saft von ½ Zitrone mit Eis schütteln, in ein Becherglas seihen und mit Zitronensprudel auffüllen. Garnierung: Spießchen mit 3 Maraschinokirschen und 2 Bananenscheiben, quer übers Glas gehängt.

Der Rum Brasiliens ist der Aguardente Pitú, den es auch bei uns zu kaufen gibt. Versuchen Sie ihn einmal so:

Yugeno
5 cl Ananassaft mit 5 cl Aguardente Pitú und 4 Eiswürfeln in einen Shaker geben. Gründlich schütteln, bis der Shaker beschlägt. In ein Glas seihen und mit Sodawasser auffüllen.

Batidas sind Longdrinks, deren Grundlage immer Aguardente Pitú ist, in Kombination mit exotischen Früchten oder Fruchtsäften. Man kann sie so schwach oder stark machen, wie man es selbst wünscht. Sie sind die große Mode in Brasilien,

Longdrinks sind »die« Partygetränke

und die kleinen Bars in São Paulo, die diese »bebida brasileirissima« exklusiv ausschenken, sind zur Touristenattraktion geworden. Auch wir können inzwischen diese brasilianischsten aller Getränke mixen.
Hier sind einige Beispiele:

Batida Paulista
2 Teel. Eiweiß mit 30 g feinem Streuzucker in einem Mixglas mit dem Löffel rühren, bis sich der Zucker aufgelöst hat. 5 cl Pitú, 3 cl frisch ausgepreßten Zitronen- oder Limettensaft und 3 Eiswürfel dazugeben. Im Shaker so lange kräftig schütteln, bis der Shaker außen beschlägt. Durch ein Barsieb in ein Glas seihen. Kleine Gläser (Tumbler) nehmen, da sich die Mischung bei zu langem Stehen erwärmt und dann absetzt. Lieber den nächsten Drink wieder frisch machen. Eine Zitronenschale bis zur Mitte einschneiden und als Garnitur auf den Glasrand klemmen.

Xuxu Pitú
4 cl Xuxu (Alkotropik vom Cashew-Apfel, Frucht der Cashewnuß) und 2 cl Pitú im Glas mit 1 Eiswürfel gut verrühren. Oder aber gut verrührt auf 2 Eßl. Schnee-Eis servieren.

Pitú sauer
5 cl Pitú und 2 cl Limettensaft mit 1 Eiweiß in einem Mixer oder mit dem Handrührer schlagen. Mit gehacktem Eis oder Schnee-Eis in ein Glas geben. Eventuell mit Soda aufgießen. Mit 1 grünen Limettenscheibe garnieren. Sofort servieren und schnell trinken.

Alvorada (Morgendämmerung)
4 cl Pitú mit 4 cl Marama (Donath), 2 cl Banjo Orange und 1 cl frischem Zitronensaft im Mixglas mit dem Barlöffel gut verrühren. In ein Glas gießen und 1 Eiswürfel dazugeben.

Kiwi Spezial
1 Kiwi schälen, in Scheiben schneiden und auf zwei hohe Gläser verteilen. Je 1 Eßl. feingehacktes Eis dazugeben. 2 cl Cointreau und 2 cl weißen Rum dazu. Mit Ginger Ale auffüllen.

Die cubanische Cocktailschule, die während der amerikanischen Prohibition die Welt mit neuen Drinks auf Rumbasis versorgte, schuf auch diesen so einfachen wie köstlichen

Mojito
In einem Becherglas von 0,25 l Inhalt ½ Teel. Zucker im Saft von ½ Limette auflösen. 1 Zweig frische Minze hineinstellen, den Stiel mit einem Löffel anquetschen. Eisstückchen und 5 cl Havana Club Rum dazugeben. Mit Mineralwasser auffüllen, mit 1 Limettenscheibe garnieren.

Erfrischung durch Bourbon

Tropisch schmeckt ein Drink, den man in Florida serviert:

Hurricane
Ein hohes Glas zur Hälfte mit kleingeschlagenem Eis füllen und den Saft von ½ Zitrone und ½ Orange darübergießen. 4 cl Bourbon Whiskey dazugeben und das Glas so lange in der Hand schwenken, bis es außen beschlägt.

Damit sind wir schon ganz nahe bei einem Klassiker der Longdrinks aus den Südstaaten der USA:

Mint Julep (Bild Seite 43)
In einen großen, fast ½ l fassenden (Silber-)Becher 1 Teel. Puderzucker und einige (nicht zerquetschte) Minzeblätter geben. Den Becher fast bis zum Rand mit feingehacktem Eis füllen, 3 cl Bourbon Whiskey dazugießen und durchschütteln. Eventuell nochmal Eis nachfüllen und wieder 3 cl Bourbon eingießen. Einige Minzestengel mit Blättern ins Glas stellen. Mit so kurzem Strohhalm servieren, daß man beim Saugen die Nase in die Minze stecken muß.

Nachwort 1: Diese echte oder römische Minze hat mit der Pfefferminze (jener für den Tee) nichts gemein. Man muß sie sich im Garten ziehen.

Nachwort 2: Soll ein Glas von außen beschlagen, dann muß das Eis sorgsam abgegossen werden. Das Glas darf von außen nicht naß sein. Es darf (bei Gartenparties) nicht im Wind stehen. Man darf es nicht mit verschwitzten Händen anfassen, sondern muß es beim Einfüllen und Rühren mit einem trockenen Tuch umwickeln. Man forciert das Beschlagen durch Schütteln oder durch Vorkühlen des Glases im Tiefkühlfach.

Brandy Julep
In ein großes Collinsglas, das wir im Tiefkühlfach 30 Minuten vorgekühlt haben, 1 Teel. Puderzukker, 3 oder 4 Minzezweige und 6 cl Weinbrand geben. Das Glas bis 3 Finger vom Rand mit feingehacktem Eis füllen. Umrühren. Dabei das Glas nur mit Serviette anfassen und die Minze möglichst nicht zerquetschen. Mit 1 Stückchen Grapefruit und 1 Orangen- und Zitronenschnitz garnieren. Mit Trinkhalm servieren.

Ein bißchen Bittere

Americana
In ein Glas 5 cl süßen Wermut geben, dazu 3 cl Campari. Den Glasrand innen mit 1 Stückchen unbehandelter Orangenschale ausreiben und etwas von den ätherischen Ölen der Schale auf den Drink spritzen. 2 Eiswürfel dazugeben und mit Mineralwasser auffüllen.

Blutorange
In ein hohes Glas 3 Eiswürfel geben, mit Zitronensaft betropfen und mit Orangensaft auffüllen. 1 Schuß Campari zugeben. Nicht umrühren! Das geht auch alkoholfrei, wenn Sie statt Campari Bitter-Red nehmen.

Bordeaux-Bitter (Bild Einband Vorderseite)
2 cl Campari in ein vorgekühltes Becherglas geben und mit 8 cl eiskaltem Sekt auffüllen.

Campari Orange
Auf 2 Eiswürfel 3 cl Campari gießen und mit 6 cl eisgekühltem Orangensaft aufgießen. Umrühren und servieren. Wer's länger mag, gibt 1 Schuß Soda dazu.

China Fresca
6 cl Chinamartini und 4 cl Zitronen- oder Limettensaft in ein großes Glas über gestoßenes Eis geben. Umrühren und mit Mineralwasser auffüllen.

Vermouth Cassis
Ein großes Weinglas zur Hälfte mit Cinzano Dry füllen. 1 Stück unbehandelte Zitronenschale darüber auspressen und dann ins Glas geben. 2 Teel. Crème de Cassis (schwarzer Johannisbeerlikör) und 2 Eiswürfel dazu. Mit Mineralwasser oder Soda auffüllen.

Normanne
In einem Tumbler 2 Eiswürfel, 1 dünne Apfelscheibe und 3 cl Calvados fünfmal kreisen lassen und mit Tonic Water auffüllen. Die Apfelscheibe zum Schluß mitessen.

La Conga
In ein großes Glas 2 Eiswürfel geben, darauf 4 cl Ananassaft, 6 cl Tequila und 2 Tropfen Angostura-Bitter. Mit Mineralwasser auffüllen. Nach Geschmack mit 1 Ananasstück garnieren.

Gebirgssonne
Den Saft von ½ Zitrone und von ½ Orange zusammen mit 1 Eiweiß und 4 cl Sechsämtertropfen auf Eis im Shaker kräftig schütteln. In ein hohes Glas seihen und mit eisgekühltem Mineralwasser auffüllen.

Die Bier-Bar

Beim Bier gibt es einige Longdrinks mit Tradition, wobei die ersten drei aus Bayern stammen.

Radlermaß
Helles Bier und Zitronenlimonade zu gleichen Teilen mischen.

Russ
Weißbier (Weizenbier) mit Zitronenlimonade zu gleichen Teilen vermischen.

Genauso altmodisch wie erfrischend ist

Rafraîchissement
Auf 5 Teile Weizenbier 2 Teile Sekt gießen. Vorsicht – schäumt sehr stark!

Radschläger-As
Ein großes Glas zur Hälfte mit Altbier (vorzugsweise Schlösser-Alt) füllen und mit Sekt aufgießen. Das ist herrlich herb.

Black Velvet (Bild Seite 43)
Hohes Becherglas gut vorkühlen. Flasche sehr kalten Sekt in die rechte und Flasche sehr kaltes Guinness-Stout-Bier in die linke Hand nehmen. Gleichzeitig langsam ins Glas gießen. Nicht umrühren.

Diplomat
In ein großes Glas dunkles Bier gießen und vorsichtig mit Sekt auffüllen.

Adlerhorst
Helles Bier mit Sekt mischen.
Die klassische Mischung Pils mit Sekt hat keinen speziellen Namen.

Churchill
Ein Schnapsglas (2 cl) Campari in ein Bierglas (¼ l) gießen und mit hellem Bier oder Pils auffüllen.

Genug der deutschen Longdrinks, die alle bierverwandt sind. Aber auch unsere nordischen Nachbarn haben nichts Spezielleres. Schnapsgläser, aus denen man pur trinkt, weil man sich wegen der Witterung meist nach Wärme sehnt und nicht nach Erfrischung, haben Longdrinks nicht kultivieren können. So ist denn auch der nächste mehr ein Bar- als ein Folkloredrink.

Tivoli Spezial
3 cl Cherry Heering (Kirschlikör), Saft von ½ Zitrone und zerstoßenes Eis in ein Whiskyglas geben, umrühren und mit Ginger Ale auffüllen.

In Kanada erfand man den

Floater
Viel Eis in ein großes Glas geben, mit Mineralwasser übergießen und dann, vom Rande des Glases

aus, versuchen, vorsichtig 2 Finger breit Cognac Martell daraufzusetzen. Mit Strohhalm schlürfen und keinesfalls umrühren, sonst ist der Gag mit dem obenauf schwimmenden Cognac weg.

Kutschertrunk
In ein großes Glas (etwa ¼ l Volumen) 2 cl Campari, 1 cl Wermut Rot und 1 Spritzer Angostura-Bitter geben. Mit 2 Eiswürfeln durchrühren, dann Eis entfernen. Mit Exportbier auffüllen, vorsichtig umrühren und mit 1 Zitronenspirale garnieren.

Aus den Bars des Fernen Ostens stammt

Wakayama
In eine große Sektschale einige Lychees (chinesische kirschgroße Früchte, für diesen Drink aus der Dose), 2 tiefgekühlte Erdbeeren und 2 Maraschinokirschen legen. Mit 3 cl eiskaltem Kirschwasser übergießen und einige Minuten darin baden lassen. Dann mit gekühltem Sekt auffüllen.

American Glory
Ein Glas, das ¼ l faßt, zu einem Viertel mit kleingeschlagenem Eis füllen. 8 cl frisch gepreßten Orangensaft und 2 cl Cointreau dazugeben. Gut durchrühren und mit Sekt wie Henkell Trocken auffüllen. Der Orangensaft wirkt als natürliche Alkoholbremse, er verzögert seinen Übergang ins Blut.

Ohne Cointreau (der aber den Pfiff gibt) heißt dieser Drink auch **Buck's Fizz** oder ist das gut deutsche Stehparty-Getränk »Sekt mit Orange«.

Die neuen Aperitifs

Mit der Nouvelle Cuisine sind die klassischen Aperitifs vom Dry Martini bis zum Cynar, Mezz e Mezz oder Sherry Dry aus der Mode gekommen. Man liebt es leichter, weiniger.
Der beste und einfachste Before-Dinner-Drink ist der Champagne Brut, so wie ihn die Champagnehäuser schufen.
Diesen puren Champagner kann man zum speziellen Hausdrink umfunktionieren, mit ein paar Tropfen Cointreau und einem Scheibenachtel Orange (Sabitzer, München) mit einigen Tropfen Framboise (La Marée, Paris) oder, wie in verschiedenen Häusern, zum

Bellini
3 frische Pfirsiche pürieren, mit 1 Flasche Champagner mischen, eventuell mit etwas Zuckersirup süßen. In Champagnergläsern servieren.

Den »Le Kir«, Rezept auf Seite 73, erfand in den vierziger Jahren der Kanonikus Felix Kir aus Dijon. Das verfeinerte Rezept gab 1986 einer Fernseh-Serie ihren Namen.

Kir Royal
In ein Sektglas 1 cl (nicht mehr!) Crème de Cassis geben. Mit Champagner/Sekt auffüllen.

Le-Kir-Variationen Klever
• Crème de Cassis mit einem weißen Bergerac, dem recht trockenen Château de Panisseau, der außerdem preisgünstig ist;

- Liqueur de Framboise, aufgefüllt mit einem gut gekühlten weißen Chardonnay aus dem Friaul aus dem Haus Eno Friulia, Capriva;
- Crème de Cassis mit einem Riesling aus dem Elsaß – es darf auch ein guter Edelzwicker sein;
- schließlich die herbstlich rote Variante: Brouilly Château de la Chaize aus dem Beaujolais mit einem Schuß Liqueur de Framboise, beides gut gekühlt.

Diese letzte Variante heißt in Frankreich »Le Cardinal« und ist verwandt mit

Un Communiste
Ein Glas kellerkühlen (10 bis 12 °C) Fleurie (Beaujolais) mit 1 winzigen Schuß Crème de Cassis servieren.

Ein schön trockener, den ersten Durst löschender Aperitif ist

Vermouth Blanc de Blancs
3 cl Vermouth Martini Extra Dry in ein bauchiges großes Weinglas geben. 2 Eiswürfel dazu und das Glas so lange schwenken, bis es beschlägt. Mit 0,1 l trockenem Weißwein wie Muscadet de Sèvre et Maine oder Bourgogne Aligoté auffüllen und umrühren. Mit 1 hauchdünn geschnittenen Zitronenscheibe servieren. Schmeckt weniger süß als der meist mit 1 oder 2 cl Crème de Cassis gemischte Le Kir.
Anmerkung: Wer Eis im Wein unstatthaft findet, kühlt Gläser und Zutaten vor (Zitronenscheibe tiefkühlen) und verzichtet aufs Eis.

Wodka-Drinks sind noch immer »in«

Vorsichtig sein muß man bei Wodka-Drinks. Ob sie nun Bitter-Lemon-Wodka, Wodka-Tonic, Wodka-Cola oder Wodka-Irgendwie-Fruchtsaft heißen, sie sind erfrischend, aber sie täuschen schrecklich. Man schmeckt den Alkohol nicht, man spürt ihn nur. Und das kann bei intensiver Sonnenbestrahlung oder bei schummriger Wärme und Tanzerei sehr plötzlich kommen.
Deshalb hat ein Wodka-Drink auch den Namen Screwdriver (Schraubenzieher) bekommen, weil er die Hemmungen bei Damen lockert.

Screwdriver mit Erläuterungen
In ein Glas Orangensaft gerade so viel Wodka gießen, daß man den Alkohol noch nicht oder kaum schmeckt. Je kälter Orangensaft und Wodka sind, desto alkoholkräftiger kann der Drink gemixt werden.
Die Wunderwirkung beruht natürlich auf einer arglistigen Täuschung. Die Ahnungslose trinkt Alkohol, wo sie keinen oder nur wenig vermutet, und sie führt ihre Aufgeschlossenheit, die Durchblutung gewisser Körperteile nicht auf die steigende Promillezahl in ihrem Blut, sondern auf ihr Herz und ihre Sinne zurück. So wird sie leichter der Versuchung erliegen, da sie glaubt, selber die Verführerin zu sein. Ein anständiger Mann serviert also solche Drinks nur nach Vorwarnung.
Ein Tip für nicht anständige Männer: Da frisch gepreßter Orangensaft nach Untersuchungen des Wiener Professors Ludwig Prokop den Anstieg

des Promillespiegels im Blut und damit auch die Wirkung des Alkohols verzögert, erreicht man bessere Schraubenzieherwirkungen mit einer Mischung von Cidre und Wodka. Lieblicher Cidre wirkt in diesem **Wodka-Cidre** wegen seines Zuckergehaltes plus dem bißchen Kohlensäure besonders schnell und tückisch.

Zur gleichen Kategorie Drinks zählt der

Grapeshot
In ein Becherglas mit kleingeschlagenem Eis 3 bis 6 cl Wodka geben, mit rotem Traubensaft auffüllen. Mit einigen roten kernlosen Trauben und 1 Scheibe Zitrone garnieren.

Revolution
6 cl Ruby-Portwein und 2 cl Wodka auf Eis gießen. Mit Mineralwasser auffüllen. 1 Scheibe Zitrone ins Glas geben.

Moscow Mule
In einen Bierkrug 3 Eiswürfel geben, 1 Teel. Zitronensaft und 8 cl eiskalten Wodka dazu. Mit Ginger Ale auffüllen und mit 1 Zitronenscheibe garnieren.

Trinkt man von diesem russischen Maulesel zuviel, kann man plötzlich einen gewaltigen Schwips-Tritt bekommen. Und das ist eigentlich nicht der Sinn des Longdrink-Trinkens.
Ein Tip für Leute, die sich geschmacklich nicht festlegen wollen und es nicht schätzen, nach Alkohol zu duften: Wodka-Soda.

Crazy Mary
1 Stück ungeschälte Salatgurke (etwa 6 cm lang) für 10 Sekunden in den Mixer geben. Mit 1 Prise Basilikum, Salz, Pfeffer und 1 Teel. Zitronensaft würzen. In ein großes Glas 2 Eiswürfel geben, darüber 4 cl Wodka und das Gurkenpüree gießen; 3 Perlzwiebelchen dazu. Mit Tomatensaft auffüllen, umrühren und mit Löffel servieren.

Bloody Mary
3 cl Wodka mit 5 cl Tomatensaft, 1 Prise Salz, 1 Spritzer Tabascosauce, 2 Spritzern Worcestersauce, dem Saft von ½ großen Zitrone und 3 Eiswürfeln etwa 15 Sekunden im Shaker schütteln. In ein Collinsglas seihen. Kein Eis ins Glas geben, nicht mit Pfeffer bestreuen, keine sonstigen Zutaten. So servierte Paul Durando in New York den Antikater-Drink.

Russischer Antikater
2 cl Wodka in ein großes Glas geben. Mit etwas grobem Pfeffer bestreuen. Mit eiskaltem Gurkensaft aus dem Reformhaus auffüllen. Durchrühren und servieren.

Vodka Twister
6 cl Wodka und den Saft von ½ Limette in ein Collinsglas geben. 3 Eiswürfel und 1 Stückchen Limettenschale dazu. Mit Ginger Ale oder Seven-Up auffüllen. Statt Limette kann auch Zitrone genommen werden.

Vodka Daisy
Saft von ½ Zitrone, ½ Teel. Puderzucker, 1 Teel. Grenadine und 6 cl Wodka auf Eis gründlich schütteln. In kleinen Bierkrug seihen, 1 bis 2 Eiswürfel dazugeben und mit Fruchtstückchen nach Saison oder Geschmack, frisch oder aus der Dose, garnieren.

Vodka Cooler
½ Teel. Puderzucker in ein Collinsglas geben, 6 cl Soda dazu und umrühren (Vorsicht, schäumt!). Kleingeschlagenes Eis ins Glas geben (zu zwei Drittel füllen) und 6 cl Wodka dazu. Mit Ginger Ale auffüllen. 1 Spirale von Orangen- und Zitronenschale so an den Glasrand hängen, daß sie weit ins Glas hineinreicht.

Sehr erfrischend und extravagant ist

Salty Dog
Den Rand eines 0,4-l-Becherglases mit einem Stückchen Zitrone gleichmäßig anfeuchten, kurz in Salz stippen, so daß ein gleichmäßiger Salzrand entsteht. Bis zur Hälfte kleingehacktes Eis und 6 bis 8 cl Wodka hineingeben. Mit 0,2 l Grapefruitsaft auffüllen. 2 Perlzwiebelchen oder 2 schwarze Oliven hineingeben. Die Reaktion Ihrer Gäste wird interessant sein, vor allem, wenn Sie gleichzeitig Hei Tiki (Seite 55) anbieten.

Bowlen und coole Verwandte

Als der Playboy noch ein Gesellschaftslöwe war, wußte er vollendet Bowlen zu mischen und war außerordentlich stolz darauf, genauso wie auf seine Berufserfolge.
Einladungen zur Bowle waren ungemein beliebt. Dann galt eine Zeitlang die Mischung aus Obst und Wein als hoffnungslos altmodisch. Jetzt ist sie wieder im Kommen, teils wegen der Romantik und der Liebe zum Alten (Modewort Nostalgie), teils weil sie leicht ist und Autofahrer keine allzugroße Angst vor einem Glas Bowle zu haben brauchen.
Schauen wir doch zunächst einmal bei Großmutter und Großvater nach.

Aus Großvaters Bowlenbuch

Im alten Universal-Lexikon der Kochkunst heißt es: »Bowle ist eine Art kalter Punsch aus Rot- oder Weißwein mit Zusatz von Rum oder Arrak und Früchten oder Fruchtsäften nebst Champagner, welcher seinen Namen von der Bowle oder Terrine herleitet, in der er aufgetragen wird, und aus dem Englischen stammt, wie der Gebrauch des Punschtrinkens überhaupt aus England zu uns gekommen ist.«

Grundregeln zur Bowlenbereitung

»1. Laß dir nicht von guten Freunden und getreuen Nachbarn hineinreden, sondern braue deine Bowle allein. Denn stets gibt es einen, dem die Bowle zu sauer ist, einen anderen, dem sie zu süß wurde, einem dritten hat sie zu wenig gezogen, und wieder einem ist sie zu stark geworden. Hört man auf solche Einreden, so wird gekünstelt, nachgegossen, nachgezuckert, womöglich gar noch Madeira oder Kognak hinzugefügt, daß das Resultat schlimmer ist als der Bomster Wein in seinen schlechtesten Jahrgängen.
2. Man nehme nur leichte und reine Weine, da ja mehr als gewöhnlich getrunken werden soll, und prüfe jede Flasche, damit kein Wein in die Bowle kommt, der nach Propfen schmeckt.
3. Wenn man überhaupt Zucker verwendet, so löse man Stückenzucker in klarem Brunnenwasser auf und versüße mit dieser Zuckerlösung; es kann leicht vorkommen, daß die Bowle trübe wird, wenn man gestoßenen Zucker verwendet.

4. Alle Zuthaten, welche das Aroma geben sollen, nehme man nicht zu reichlich; die Bowle soll immer noch Wein bleiben, und das Maß des Duftes muß so gehalten sein wie bei einer vornehmen Dame die Parfümierung.
5. Der Bowlenlöffel ist zum Schöpfen und Umrühren da, nicht aber zum Stehenlassen in der Bowle, alldieweil er kein Aroma besitzt.
6. Hält man nach leichtem Umrühren die Bowle für genügend durchgezogen, so gießt man bei Damenbowlen zur Regelung der Süßigkeit Zukker oder Wein zu und stellt die Bowle kalt. Man vermeidet gern das Hineinwerfen von Eisstücken und kühlt lieber in einem Eisbad oder durch die Verdunstungskälte eines nassen, um die Bowle gewickelten Tuches. Zur Abkühlung einer größeren Bowle bedient man sich eines umfangreicheren Gefäßes als die Bowle selbst, in der Regel einer Blechschüssel. In diese stellt man nun die Bowle und fülle den Zwischenraum zwischen derselben und der Schüssel mit fein zerschlagenem Eis. Um das Eis kompakt zu machen, gebe man hin und wieder eine leichte Schicht grobes Salz bei. Sodann garniere man den Eiskranz in zierlicher Weise mit kleinen Blättern und Saisonfrüchten, wie Erdbeeren usw. und versehe auch das Äußere der Blechschüssel mit einer Serviettendraperie, so daß die Bowle einen hübschen Eindruck macht. Eine völlig zu Eis gewordene Bowle schmeckt ebensowenig und bekommt ebenso schlecht wie eine warm servierte; die richtige, allerdings nur nach dem Gefühl meßbare Temperatur zu erreichen, ist die Hauptkunst des Brauers.
7. Man trinkt Weißweinbowle aus grünen oder gelben Römern, mit Rotwein gemischte aus weißen Gläsern, Ananas- und Pfirsichbowlen auch aus großen Schalen. Damen bekommen nur halbe Gläser eingeschenkt, damit sie sich stets an frischem Stoff ergötzen können.«

»Das wundervolle Aroma der Ananas ist das dankbarste für jeden Bowlenbrauer, der, wo es möglich ist, sich frischer, reifer Früchte bedienen wird. Etwa dreiviertel bis ein Pfund reife Frucht rechne man auf fünf oder sechs Flaschen Wein.«

Ananas-Bowle erste Art (herb)
»Kurz vor Tisch schneide eine halbe oder eine kleinere ganze Ananas, ohne sie zu schälen, in einen Zentimeter starke Scheiben, gieße vier bis sechs Flaschen leichten Weißwein (Rheinwein) und zwei bis drei Flaschen Sekt über und serviere ohne Gemüse.«

Ananas-Bowle zweite Art
»Die in Scheiben geschnittene und in Viertel geteilte, eventuell geschälte Hälfte einer Ananas wird eine Stunde in einer halben Flasche Moselwein ziehen gelassen; dann soll eine Flasche Moselwein, zwei Flaschen Sekt und eine Flasche Mineralwasser zugefügt werden.«

Ananas-Bowle dritte Art
»Die in Hälften oder in Viertel geteilten Scheiben werden in einem gekühlten Glase mit leichtem, gutem Sekt übergossen. Sofort trinkbar.«

Ananas-Bowle vierte Art
»In den Kolonien oder an anderen Orten, wo die Ananas in genügender Menge zu haben ist,

Der spanische Longdrink heißt Sangria. Vom Typ her ist er eine Bowle. Hier die Variante Sangria Pink (Rezept Seite 74), die mit Rosé angesetzt wird.

schneidet man das obere Viertel der Frucht mit scharfem Schnitte glatt ab, höhlt die Frucht mit einem Löffel vorsichtig aus und glättet den oberen Rand durch Wegnahme der Stacheln usw. Dann legt man ein Stück Eis in die Höhlung, füllt mit kaltem Sekt auf und deckt das vorher abgeschnittene Viertel mit den grünen Fruchtblättern als Deckel darauf. Damit der köstliche Becher nicht umfalle, benutzt man eine leere Kartuschhülse der Feldhaubitze als Untersetzer.«

»Es giebt ebensoviele Anhänger der Walderdbeerbowle wie der aus Gartenerdbeeren bereiteten. Alle Kenner stimmen jedoch überein, daß die Erdbeeren nicht gewaschen werden sollen, weil das feinste Aroma oben auf der Haut sitzt. Nie soll man die Erdbeeren zerquetschen, die Früchte sehen in ihrer natürlichen Gestalt im Wein viel lieblicher aus wie ein trübes Erdbeermus. Man giebt zur Erdbeerbowle Krebse, Geflügel, wohl auch Wild.«

Erdbeer-Bowle erste Art (einfach)
»Zu vier Flaschen leichtem Mosel- oder Rheinwein einen halben Liter ungewaschene Erdbeeren ohne Zucker. Ein Viertelstündchen ziehen lassen und höchstens in Kellertemperatur mit oder ohne Zusatz von Sekt in großen Bechern servieren.«

Erdbeer-Bowle zweite Art (Bild Seite 70)
»Ein gehäufter Teller voll frischer Erdbeeren (Walderdbeeren verdienen den Vorzug) werden mit einer entsprechenden Menge gestoßenem Zucker schichtenweise in eine Bowle gethan und mit so viel Wasser begossen, daß die Erdbeeren gerade bedeckt sind. So läßt man die Erdbeeren einige Stunden lang ziehen und füllt dann fünf bis sechs Flaschen leichten Moselwein nach, dem man vor dem Servieren auch noch eine oder zwei Flaschen Sekt zufügen kann. Es ist darauf zu achten, daß die Erdbeeren möglichst unbeschädigt in die Gläser gelangen, damit das Getränk auch ein appetitliches Aussehen gewinnt.«

Erdbeer-Bowle dritte Art
»Zubereitung wie zweite, jedoch kein Sekt.«

Erdbeer-Bowle vierte Art
»Auf vier Flaschen Mosel- oder Rheinwein rechnet man zwei Flaschen Rotwein (gegebenenfalls Burgunder), mischt Wein und Zuckerlösung nach Belieben, fügt ein viertel bis ein halbes Liter (250–500 g) große reife, aber nicht gewaschene Gartenerdbeeren vorsichtig dazu, stellt die Bowle kalt, bis sie etwas kühler als Kellertemperatur ist, gießt eine Flasche Sekt hinzu und serviert sofort mit Früchten.«

Erdbeer-Bowle fünfte Art
»Im Eiskühler frappiert man größere (Viertelliter-) Becher, indem man sie umgekehrt eine Minute unter das Eis eintaucht, dann giebt man einen Eßlöffel voll Erdbeeren in das Glas und füllt es mit gut gekühltem Sekt voll.«

Besonders erfrischende Bowlen:
links oben: die beliebte Walderdbeer-Bowle (Rezept Seite 68);
links unten: die männliche Gurkenbowle (Rezept diese Seite);
rechts oben: die neuartige Melonenbowle (72);
rechts unten: die jedem schmeckende Pfirsichbowle (72).

Bowlen von heute

Dieses Rezept kann als Muster für alle anderen Bowlen benutzt werden:

Die Maibowle als Modell
Von 4 Flaschen spritzigem, trockenem Mosel (für die Süßeren Gewürztraminer aus Baden oder der Pfalz) 1 Flasche in das gut gekühlte Gefäß geben. 1 Büschel Waldmeister an einen Faden binden und so in den Wein hängen, daß die Stengel herausschauen. Je nachdem, wie kräftig Sie den Waldmeistergeschmack mögen, lassen Sie ihn zwischen 15 und 30 Minuten im Wein baden. Den Waldmeister herausnehmen und die restlichen 3 Flaschen Wein dazugießen (jetzt auch etwas Zuckerlösung, Seite 20, wenn's unbedingt süßer sein soll). Mit 1 Flasche Sekt auffüllen und sofort servieren.

1. Anmerkung: Nicht zu große Gläser nehmen und diese auch nur drei Viertel füllen, damit die Bowle im Glas nicht absteht.

2. Anmerkung: Trinken Sie häufiger Bowle, dann lohnt sich ein richtiges Bowlengefäß mit Eiseinsatz. Es gibt im Fachhandel Ausführungen für jeden Geschmack.

Anmerkung zum Waldmeister: Ihn gibt es im Mai, und im Juni beginnt er schon zu blühen. Blühender Waldmeister aber hat kein Aroma mehr. Lassen Sie den auf dem Markt gekauften oder im Wald gesammelten Waldmeister leicht anwelken, dann gibt er noch mehr Geschmack ab. Waldmeisterhaltige Getränke waren für einige Zeit verboten, da man Angst vor dem Cumarin hatte, das Waldmeister enthält und das (in höheren Dosen) Krebs erzeugen kann. Inzwischen ist das Verbot wieder aufgehoben worden, denn vor dem Büschel Waldmeister, das für ein Viertelstündchen in der Bowle hängt, braucht absolut niemand Angst zu haben.

Sommerbowle
1 l Rosé oder Weißherbst in eine Bowlenschale (oder in einen Krug) gießen; 3 bis 4 Tropfen Angostura-Bitter hineingeben und verrühren; dicke Scheiben von 1 unbehandelten Orange dazugeben und 1 Stunde ziehen lassen. In jedes Glas 1 Eiswürfel, ein paar Tropfen Zitronensaft und etwas hauchdünn geschnittene Zitronenschale (von unbehandelten Früchten) geben, mit Bowle zur Hälfte füllen und mit Mineralwasser aufgießen.

Gurkenbowle (Bild links)
1 Salatgurke schälen und in Stücke schneiden, zusammen mit 2 Flaschen rotem Bordeaux in eine Schüssel geben und so lange zugedeckt ziehen lassen, bis die Gurke durch und durch mit Wein gesättigt ist. Auspressen und zum Rotwein seihen. Mit 5 cl Maraschino verrühren und eiskalt servieren. Das erfrischt ungemein.

Ausgezeichnet und neu ist die

Maracujabowle
Die Zutaten sollen gekühlt sein, der Maracujalikör und der Sekt eiskalt. ½ Flasche Maracujalikör mit 2 Flaschen Elsässer Edelzwicker oder trockenem

französischem Weißwein (Mâcon) mischen, gut durchrühren und die Mischung 15 Minuten gekühlt stehenlassen. Dann ¼ Ananas in feinen Schnitzeln in eine Bowlenschüssel geben, mit dem Wein-Fruchtlikör-Gemisch auffüllen und 1 Flasche Sekt dazugeben. Schmeckt erfrischend und ist nicht übermäßig alkoholisch.
Das ist nicht gerade die billigste Bowle, dafür aber edel und ausgefallen. Wer mag, kann mit Mineralwasser verdünnen: dem starken Fruchtgeschmack macht das kaum etwas aus.

Eine Bowle von militanter Herkunft ist die

Kalte Ente
2 unbehandelte Zitronen in sehr dünne Scheiben schneiden, mit 3 Flaschen halbtrockenem Moselwein übergießen und 5 bis 10 Minuten ziehen lassen. 1 Flasche Sekt dazu (alles soll eiskalt sein) und mit Mineralwasser nach Geschmack verdünnen.
Der Name ist eine Verballhornung von »kaltes Ende«. Das Kasinogeschichtchen dazu: Zu Kaiser Wilhelm Zwo's Tischgefährten gehörte ein General von Pape, der nach den großen Dinners keinen Mokka trank, sondern sich in einem Pokal diese Bowle mischte, weil er nachts keine warmen Getränke liebte, sondern ein kaltes Ende vorzog. Offiziere des 4. Garde-Grenadier-Regiments Königin Augusta verbreiteten es um die Jahrhundertwende.

Bowlen sind deshalb als Sommergetränke »in«, weil sie meist nicht schwer sind und deshalb auch für Autofahrer geeignet. Wer prinzipiell keinen Alkohol trinkt, bevor er sich ans Steuer setzt, für den habe ich diese

Pfirsichbowle (Bild Seite 70)
Die Zutaten sollen alle möglichst kalt sein. 200 g Zucker und 1 l Wasser 5 Minuten aufkochen. 500 g frische Pfirsiche abziehen, zerteilen, entsteinen und mit den Steinen in ein Gefäß legen. Mit der Zuckerlösung heiß übergießen, auskühlen und 3 Stunden zugedeckt ziehen lassen. Dann die Steine herausfischen und ½ l Orangensaft und ¼ l frischgepreßten Zitronensaft dazugeben. Servieren und mit 1 Flasche Mineralwasser auffüllen. In jedes Glas 1 Eiswürfel geben.

Ein schönes Getränk für warme Nachmittage oder Abende ist die

Rosa Bowle
1 Streifen Gurkenschale, 1 Kringel Orangenschale (unbehandelte Früchte aus dem Reformhaus) und 1 Zweiglein Borretsch mit 2 cl Weinbrand ziehen lassen. 1 Flasche Weißherbst dazugießen, ausnahmsweise mit 3 Eiswürfeln kühlen und mit 1 Glas Sodawasser zum Perlen bringen. Kalt trinken.

Melonenbowle (Bild Seite 70)
1 Ogen-Melone vierteln, die Kerne entfernen, das Fruchtfleisch aus der Schale lösen und in feine Scheiben schneiden. 4 cl Weinbrand mit der abgeriebenen Schale von 1 unbehandelten Orange

mischen (oder Cointreau verwenden). Die Melonenscheiben dazugeben, mit 1 Flasche Riesling oder Silvaner übergießen. Im Kühlschrank zugedeckt 2 Stunden ziehen lassen. Vor dem Servieren weitere 2 Flaschen vorgekühlten Wein und 1 Flasche Sekt aufgießen. Die Ogen-Melone gibt dieser Bowle ein feines, unverwechselbares Aroma.

Die Blitzbowle
In eine schöne Glasschüssel den Inhalt von 1 Packung Tiefkühlhimbeeren oder -erdbeeren geben, unaufgetaut bitte. Darüber 2 Flaschen Wein gießen – Mâcon Blanc, wenn Sie es herb mögen; Gewürztraminer, wenn Sie vollen Fruchtgeschmack lieben; oder Weißherbst (Rosé), wenn es noch erfrischender sein soll. Wer es gerne sprudelig mag, gibt beim Servieren noch 1 Flasche Sekt dazu. Die Früchte geben die Kälte und ihr ganzes Aroma unmittelbar an den Wein ab. Es gibt keine bessere (und schnellere) Art, eine gute Bowle anzusetzen.

Wem das zu schwach sein sollte, den wird das folgende Rezept eines Stärkeren belehren:

Steinhägerbowle
1 unbehandelte Zitrone hauchdünn schälen und die Schalen mitsamt dem ausgepreßten Saft, 3 gehäuften Eßl. Zucker und 1 l Wasser 1 Stunde zugedeckt und kalt stehen lassen. Dann ½ l Steinhäger, 5 cl Maraschino, 1 Flasche Mineralwasser und 4 gehäufte Eßl. kleingestoßenes Eis dazugeben und sofort servieren.
Wer behauptet, das sei keine Bowle, da der Wein fehle – der weiß nicht, daß Steinhäger westfälischer Landwein ist.

Inzwischen haben sich die Grenzen verwischt, auch das nächste Getränk kann man als Bowle bezeichnen:

Bismarck-Bowle
⅛ l Zitronensaft, 10 cl Rum, 1 Eßl. Zucker und ⅛ l Mineralwasser zusammengießen, mit 3 Tropfen Angostura-Bitter würzen und einige Stunden zugedeckt in den Kühlschrank stellen. Beim Servieren mit dem Sekt aufgießen. In der Barsprache ist das ein etwas modifizierter Rum Collins.

Bei großzügiger Auslegung kann man die beiden nächsten Getränke aus dem Süden Frankreichs ebenfalls Bowlen nennen.

Le Kir
In ein Glas 1 knappen Teel. schwarzen Johannisbeerlikör (Crème de Cassis) geben, mit sehr kühlem, herbem Weißwein auffüllen. Klassisch ein Bourgogne Aligoté, sehr gut auch ein Elsässer Riesling oder ein Sancerre. Durchrühren.

Nebel von St-Tropez
In ein Becherglas 3 Eiswürfel geben, 1 Schnapsgläschen Pernod darübergießen, durchschwenken und mit kaltem Weißwein, am besten mit einem aus den Côtes-de-Provence, aufgießen. Variante mit psychodelischem Farbeffekt: statt Weißwein einen trockenen Rosé nehmen.

Bowlen und coole Verwandte

Daß Weinländer ihre Longdrinks, die man ruhig Bowle nennen darf, mit ihrem Hauptgetränk mischen, sieht man auch bei der spanischen

Sangria
2 l spanischen Rotwein (Rioja) mit 100 g Zucker so lange rühren, bis der Zucker gelöst ist. ½ Teel. Zimt dazugeben. Von je 1 unbehandelten Orange und Zitrone eine Schalenspirale in den Wein geben. Diese Früchte plus je 2 weitere in Scheiben schneiden und dazugeben. Einige Stunden ziehen lassen. Vor dem Servieren einige Eiswürfel dazu und mit ½ l eiskaltem Mineralwasser aufgießen. In Spanien wird die Sangria meist aus Valdepeñas, La Mancha, gemacht.

Es gibt viele Varianten dieses Rezepts. So zum Beispiel

Sangria vom Land
1½ l Rioja mit dem Saft von 4 großen süßen Orangen vermischen. 2 unbehandelte Orangen waschen, in Scheiben schneiden und in der Sangria schwimmen lassen. Mit 4 Nelken würzen. Im Krug servieren. Darf mit 2 cl Weinbrand – stilecht: spanischem – gewürzt werden.

Weiße Sangria
1 unbehandelte Orange schälen, so daß eine einzige Spirale entsteht. Dann die Orange selbst mit einem scharfen Messer von allem Weißen befreien: das Fruchtfleisch soll ganz frei liegen. 1 l trokkenen Weißwein in einen Glaskrug füllen, die Schalenspirale wieder um den Orangenball arrangieren und in den Wein legen. 2 Scheiben Zitrone und 1 Eßl. Himbeeren (tiefgekühlte geben mehr Aroma ab) dazugeben. 2 Eßl. Zucker in etwas Wasser lösen, dazugießen und mit 1 Stückchen Zimt und 2 Eßl. Weinbrand würzen. Mindestens 2 Stunden bei Raumtemperatur ziehen lassen. Über Eiswürfel in handfesten Gläsern servieren und nach Geschmack mit Soda auffüllen. Vor dem Eingießen und vor den Augen der Gäste kräftig durchrühren.

Sangria Pink (Bild Seite 69)
1 unbehandelte Orange wie oben vorbereiten. In 1 l Rosé oder Weißherbst legen. 2 Pfirsiche schälen und kleinschneiden. Die Pfirsichstücke und 6 Zitronenscheiben dazu. Mit etwas Curaçao triple sec oder Cointreau würzen. Wie gelernt ziehen lassen und servieren. Man kann viel davon trinken, vor allem wenn man nicht zu sparsam mit Soda ist.

Sangria Variation Nummer 4
Je 1 große unbehandelte Orange und Zitrone mit der Schale in Scheiben schneiden und mit 1 l Rioja, 3 Eßl. Zucker, 2 cl Cognac und 1 cl Curaçao triple sec in einer Karaffe mischen, in der einige Eisstücke sind. Mit 1 Flasche Mineralwasser auffüllen und in Gläsern mit Eis servieren.

Aus meiner Bowlenpraxis

Aufruf zur Reinerhaltung der Bowle
Wir werden niemals
- schlechten, gezuckerten (also nicht naturreinen) Wein verwenden, auch wenn er auf dem Etikett ausdrücklich als »Bowlenwein« gekennzeichnet ist;
- Schnaps oder Likör dazugießen, auch wenn es solche Rezepte gibt; die Früchte sollen die Bowle parfümieren, nicht Weinbrand, Rum oder Cherry Brandy;
- löffelweise Zucker in die Bowle streuen; wenn überhaupt Zucker (denn wer trinkt heute noch gern süß?), dann in Flüssigkeit gelöst (Zuckersirup – Rezept auf Seite 20); besser noch sind natursüße Weine oder ein nicht zu herber Sekt (Dry oder Demi-Sec);
- eine Bowle mit Eiswürfeln verwässern; die Zutaten sollen eiskalt sein, die Bowlenschüssel wird mit Eis von außen gekühlt; oder dadurch, daß man einen mit Eis gefüllten Einsatz hineinstellt;
- mit künstlichen Aromen oder Essenzen würzen. Ausnahmen bestätigen die Regel.

Die Sache mit den Früchten
Ob Sie nun Pfirsichbowle trinken oder eine aus Ananas (die geschnittenen Früchte müssen mit 1 Flasche Wein mindestens 1 Stunde ziehen), aus Himbeeren oder Erdbeeren – hüten Sie sich vor zu großem Früchtekonsum. Erstens können die Früchte den Kater anlocken (auch sollte man zur Bowle nicht dutzendweise Zigaretten rauchen), und zweitens verstärken sie den Promillegehalt.

Trinken Sie mal Landschaftsbowlen!
Jede Bowle ist so gut wie ihre schlechteste Zutat. Deshalb sparen Sie nicht am Wein. Sie können sogar mit verschiedenen Weinen interessante Geschmacksvarianten erzielen. Nehmen Sie als Grundzutat 1 Pfund Walderdbeeren (ich zuckere sie gar nicht, aber 1 Eßlöffel Zucker schadet dem Kopf nicht) und lassen Sie sie in dem jeweiligen Wein (2 bis 3 Flaschen) 1 Stunde ziehen.
- Die Mosel-Bowle ist erfrischend, angenehm säuerlich, und der feine Erdgeschmack hebt das Erdbeeraroma, bei trockenem Wein.
- Die Weißherbst-Bowle ist unkompliziert, frischfröhlich und sehr stark erdbeerig (wird von der Farbe her noch unterstrichen).
- Die Kaiserstühler-Bowle ist süffig, mild und angenehm.
- Die Pfälzer-Bowle kann je nach Lage rassig oder mild, zart oder kräftig aromatisch sein.
- Die fränkische Bowle (die aus dem Bocksbeutel) ist von herber Lieblichkeit, und zu den Walderdbeeren gesellt sich ein Hauch von Heckenrosen.
- Die Rheingauer-Bowle ist rassig, elegant und blumig, hier sollte man die Erdbeeren statt 1 Stunde nur ½ ziehen lassen.
- Die Bordeaux-Bowle ist rot, harmonisch und von zartem Bukett – Walderdbeeren und Bordeaux passen gut zueinander. Die Sauternes-Bowle ist weiß, süß und schwer.
- Die Beaujolais-Bowle ist für Männer; sie ist herb, und man muß die Erdbeeren 2 Stunden ziehen lassen, doch dann geben sie dem Wein einen unvergleichlichen Geschmack.

Punsch auf die warme Art

Man sollte sie wieder aufleben lassen, die gute alte doppelbödige Punschiade. Das ist eine Gesellschaft, die um einen Topf voll dampfendem Punsch sitzt, der »den Sinn umnebelt und die Nase kitzelt«, wie E. T. A. Hoffmann – der gewaltigste Punschtrinker unter den deutschen Dichtern – in seinen »Elixieren des Teufels« schreibt. In seinem »Goldenen Topf« gerät die Punschgesellschaft in den wilden Taumel eines uferlosen Wahnwitzes, mit fliegenden Perücken und hinterhersegelnder Terrine, so daß wir Rausch-Aufgeklärte an LSD-Reisen denken müssen. Auch Christian Dietrich Grabbe, sonst eher schweigsam bis stumm, geriet beim Punsch ins Schwätzen, wobei er Shakespeare mit Möpsen, Katzen, Göttinger Mettwürstchen und dem Teufel aufs Possierlichste vermischte. Und wenn gar der so brave Heinrich Seidel auf einmal so dichtet, dann muß der Punsch eine Art LSD des vorigen Jahrhunderts gewesen sein. Sein Gedicht, literarisch wenig anspruchsvoll, ist dennoch aus zwei Gründen lesenswert. Es ist ein Grundrezept für einen Punsch und zeigt zugleich in seiner bürgerlichen Maßlosigkeit die Gefährlichkeit dieses Getränkes:
»Und würden zu Rum alle Ströme und alle Meere zu Wein / Und schmölzen dann sämtliche Berge als Zuckerhüte hinein / Und drückt man den Mond als Zitrone dann in die köstliche Flut / Und heizte die riesige Bowle mit der Erde vulkanischer Glut / Und könnt' ich dann liegen und schlürfen und trinken ohn' Aufenthalt / Es würde doch nimmer bestehen vor meines Durstes Gewalt.«
Wie viele über Punsch philosophierende Autoren man auch liest – man findet immer wieder neue Deutungen, welches seine fünf Bestandteile sind. Ich finde diese Erklärung am einleuchtendsten: Die Inder kannten die fünf Elemente Wasser, Feuer, Erde, Luft und Geist. Wenn man nun Wasser mit Feuer erhitzt, den rasch verfliegenden Alkohol der Luft und den Zucker der Erde gleichsetzt, dann bleibt uns noch die Würze, die wie der Geist alles durchdringt und verfeinert.
Man sieht: Punschtrinker sind besinnliche Menschen. Und was haben überhaupt die Inder damit zu tun? Aus Indien brachten englische Matrosen das Rezept für das gewürzte Getränk mit ins alte Europa.
Hier an diesem Platz wollen wir nur die heißen Punsche und ihre Vettern, die Grogs, Toddies und Seehunde behandeln. Man kann diese Gebräue auch kalt trinken, und gerade die amerikanischen und karibischen Barkeeper kennen eine Menge prima Rezepte.
Aber auch in unserer Küche sind die kalten Pun-

sche nicht unbekannt. Der literarisch Gebildete wird sich an Thomas Manns »Buddenbrooks« erinnern. Als Tony Buddenbrook in die Pension des Fräulein Therese Weichbrodt eintrat, gab es ihr zu Ehren zum ersten Abendessen »Bischof« – »ein roter und süßer Punsch, der kalt getrunken wurde«. In zeitgenössischen Vorschriften wird er als ein Bordeaux oder Burgunder beschrieben, rot selbstverständlich, den man mit der fein geschälten Schale einer grünen bitteren Pomeranze und Zucker gewürzt hat. Ganz grob verallgemeinernd könnte man sagen: Ein kalter Punsch ist eine verdammt starke Bowle. Hier die wichtigsten Punschregeln:

- Nur beste Zutaten ergeben einen guten Punsch.
- Je weniger man zusammengießt, desto besser bekommt der Punsch.
- Außer dem Wasser darf beim Punsch nichts kochen.
- Punsch ist kein Essensbegleiter. Man reicht dazu Käsehäppchen, Nüsse oder trockenes Gebäck.
- Punsch am Morgen vertreibt zwar Kummer und Sorgen, aber auch die Fähigkeit und Lust, am Tage noch etwas zu tun. Denn Punsch ist ein prächtiges Vorschlaf-Getränk.

Und nun zu den Rezepten.

Grog: Fundament der Punsche

Der Grog ist der Vetter des Glühweins: In heißes Wasser gibt man Zucker nach Geschmack und füllt mit Rum auf. Nimmt man Whisky, Weinbrand, Arrak oder ein Obstwasser, dann nennt man das einen Toddy. So streng sind hier die Bräuche. Und noch etwas Wichtiges: Zum echten Grog gehört der Jamaika-Rum-Verschnitt. Er ist gerade wegen seines geschmacklichen Gleichgewichts berühmt. Er hat für den Grog das genau richtige Aroma, auch wenn man als ausgepichter Grogler nur wenig Wasser nimmt.

Der klassische Grog

In ein stand- und hitzefestes Glas eine beliebige Menge kochendes Wasser füllen (einen Löffel oder eine Gabel oder ein gläsernes Grogstäbchen zum Hitzeableiten hineinstellen), mit 1 Stück Zucker (oder mehr) süßen und mit Balle, Hansen oder Pott (um die drei Rum-Riesen zu nennen) auffüllen. Umrühren. Man darf während des Trinkens Rum nachgießen. Statt Wasser heißen Arrak zu nehmen, halte ich für übertrieben.

Sahnegrog

Auf einen normalen Grog setzt man 1 bis 2 Eßl. ungesüßte, leicht geschlagene Sahne.

Hot Buttered Rum

In ein Grogglas (die Amerikaner haben dafür eine Art Spezialtasse) 1 Teel. braunen Zucker, 1 Teel.

Den größten Show-Effekt bietet die Feuerzangenbowle (Rezept Seite 82), die in Wirklichkeit ein echter Punsch ist.

Butter und Rum nach Geschmack geben. Mit kochendem Wasser aufgießen und mit 1 Zimtstange (falls Sie sparsam sind, weitergeben!) gut durchrühren.

Variante: Etwas Nelkenpfeffer obenauf streuen oder 1 Stück Zucker mit 54- oder 55%igem Rum tränken, mit der Zuckerzange über den Butterrum halten, anzünden und elegant darin verzischen lassen.

Eiergrog (Bild Seite 80)
Im Grogglas 1 Eigelb mit Zucker verrühren, bis es weiß wird. Dann zweimal die Eierschale voll Rum dazugießen und vorsichtig mit heißem Wasser auffüllen.

Auf der Grenze zu den Punschen, denen wir uns jetzt zuwenden, steht der

Helgoländer Grog
2 Stück Kandiszucker mit 1 Zitronenscheibe ins Glas geben. Kochendes Wasser drauf, so daß der Kandis knisternd zerspringt (es darf aber nur ein Schuß kochendes Wasser sein). Rum dazugießen und die Stärke mit Rotwein regeln.

Variante: Einen steifen Grog machen, statt Wasser jedoch Bordeaux nehmen. Das heißt dann **Abendrot**.

Punsch in Portionen

Tee von Sumadija
¼ l Slibowitz heiß werden lassen. 125 g Zucker unter Rühren in einem Topf leicht bräunen. Vom Feuer nehmen und heiß mit dem heißen Slibowitz auflösen. 1 Eßl. Honig unterrühren und sofort in vorgewärmten Teetäßchen servieren. Aaaah sagen!

Viermal Toddy
In ein feuerfestes Glas 1 Stück Zucker geben. Darauf 1 Scheibe Zitrone, in der 1 Nelke steckt. Mit einem Südweinglas (6 cl) Rum (oder Whisky oder Arrak oder Calvados) übergießen. Mit brühheißem starkem Tee aufgießen. Das ergibt einen **Rum Toddy** (oder **Whisky Toddy** oder **Arrak Toddy** oder **Apple Toddy**).

Apple Jack
2 Teel. weiches Bratapfel-Inneres mit 1 Stück Zucker und 6 cl Calvados in ein feuerfestes Glas geben. Mit kochendheißem Wasser oder Apfelsaft auffüllen, umrühren und mit Muskat überreiben.

Seehund
Pro Person ⅛ l Weißwein erhitzen, aber nicht zum Kochen bringen. Etwas Zucker hineinrühren und 1 Scheibe Zitrone, die wir durch Rum gezogen haben, darin schwimmen lassen.

Irish Coffee

4 Punsche, die einem einheizen können:
links oben der Irish Coffee (Rezept Seite 92);
links unten der würzige Glögg (Rezept diese Seite);
rechts oben der altmodische Rote Kardinal (Rezept diese Seite);
rechts unten der nahrhafte Eiergrog (78).

Seelöwe

Pro Person ⅛ l Weißwein erhitzen, aber nicht zum Kochen bringen. Etwas Zucker hineinrühren und 4 cl Rum. 1 Zitronenscheibe darauf schwimmen lassen.

Hot Mary

Pro Person ⅛ l Sangrita picante heiß werden lassen. Mit Wodka oder Wacholder abschmecken und mit 1 Zitronenscheibe servieren. Dazu mit Pimientos gefüllte Oliven knabbern.

Jägertee

⅛ l starken heißen Tee mit je 1 guten Schuß Weißwein, Obstler und Rum vermischen, so daß die Menge ¼ l ergibt. Erhitzen, aber nicht zum Kochen bringen. 1 Stück braunen Kandiszucker unter Rühren darin zerspringen lassen. In einem Steinkrug servieren. Von diesem Rezept der Tiroler Berghütten gibt es viele lokale Varianten.

Prophylaxis

¼ l feurigen Rotwein, zum Beispiel Erlauer Stierblut, mit 1 Eßl. Honig bis fast ans Kochen bringen. 4 cl Jamaika-Rum dazugießen, umrühren und so heiß wie möglich trinken. Wirkt sehr vorbeugend.

Punsch en gros

Glögg (Bild links)

2 Flaschen herben Rotwein und ½ Flasche Muskateller mit 1 Eßl. Angostura-Bitter, 1 Tasse Rosinen, der Schale von ½ unbehandelten Orange, 6 im Mörser zerstoßenen Kardamomkapseln oder 1 knappen Eßl. Kardamomsamen, 5 Nelken, ½ Zimtstange und 1 Stückchen Ingwerwurzel in einen Topf geben und über Nacht zugedeckt ziehen lassen. ¾ Tasse Zucker oder 7 Eßl. Honig einrühren und fast bis zum Kochen erhitzen. Vom Feuer nehmen und mit ⅛ bis ¼ l Aquavit stark machen. 100 g abgezogene, blanchierte Mandeln dazugeben. Zu jedem Becher einen Löffel servieren, damit man die Rosinen und Mandeln mitessen kann.

Roter Kardinal (Bild links)

1 Flasche Rotwein mit 3 Eßl. Zucker erhitzen, aber nicht kochen. ½ Zimtstange, 3 Nelken, ¼ Vanillestange und 1 in Scheiben geschnittene unbehandelte Zitrone 15 Minuten darin ziehen lassen. Vor dem Servieren die Gewürze entfernen und 2 Weingläser erwärmten Arrak zugeben. Es dürfen auch Weinbrand oder Cognac sein.

Den folgenden Punsch fand ich in den Rezepten meines Urgroßvaters Eugen Klever, der Schnapsbrenner am Niederrhein war:

Punsch nach Old Klevers Art

Die Schale von 1 unbehandelten Orange auf 125 g Zuckerstückchen abreiben. Mit ½ l Wasser

Punsch auf die warme Art

zum Kochen bringen. 1 Flasche trockenen Mosel erhitzen und dazugießen, ebenso den Saft der Orange und von 1 Zitrone. Vor dem Servieren 1 Südweinglas (6 cl) Jamaika-Rum, 1 Südweinglas (6 cl) Portwein und 1 Schnapsglas (2 cl) Boonekamp dazugeben.

Nordischer Punsch
2 Flaschen Burgunder oder Beaujolais und ½ Flasche nicht zu süßen Portwein mit 500 g Zucker, auf den die Schale von 1 unbehandelten Zitrone abgerieben wurde, heiß werden lassen. Mit ½ Flasche Weinbrand von der weichen Linie und ½ l starkem schwarzem Tee verrühren. Wem's nicht süß genug ist, der darf nachzuckern (denke aber an seinen Kopf von morgen).

St. Pauls Punsch
1 Flasche guten alten Rheinwein (Rheingau) mit ½ Flasche gutem Madeira und 50 g Zucker erhitzen und dann ein Viertelliterchen an gutem altem Weinbrand zugießen. Zwei kräftige Männer schaffen das; eine Dame darf noch mit von der Partie sein.

Wasserpunsch für starke Männer
Darf rot oder weiß getrunken werden, je nach Stimmung oder Gesinnung. Rot: zu gleichen Teilen Ruby-Portwein, Bordeaux und Jamaika-Rum. Weiß: zu gleichen Teilen weißer Port (für die nicht so Süßen) oder Hautes-Sauternes, Arrak und rheinhessischer Wein. Mit wenig Zucker heiß machen. Seinen Namen hat dieser Punsch, weil er alles im Zimmer befindliche Wasser anzieht.

Silvesterpunsch
600 g Kandiszucker in 2 Weinflaschen voll Wasser auflösen und durchseihen. 2 Flaschen Weißwein (Pfälzer Silvaner) und 2 Flaschen Rotwein (Kalterer See oder Rioja) zufügen. Richtig heiß machen. Vom Feuer nehmen und den Saft von 2 Zitronen und ½ Flasche Arrak dazugeben. Schön heiß trinken.

Pfarrers Nachtmütze
Muskat, Ingwer, Zimt, Nelkenpfeffer (Allspice), 2 Nelken und dünn geschnittene Zitronenschale in ⅜ l Wasser 20 Minuten kochen. Währenddessen 1 mit Nelken gespickte Orange im Ofen rösten, bis sie ledrig geworden ist. Ins kochende Wasser setzen. Zucker nach Geschmack darüberstreuen. Mit 1 Flasche Tawny-Portwein aufgießen und bis dicht vors Kochen bringen.

In Wahrheit ein Punsch ist

Die echte Feuerzangenbowle
(Bild Seite 79)
In einem großen Emailtopf 3 Flaschen Beaujolais erhitzen. 1 Zimtstange und 6 Nelken hinzufügen, 3 unbehandelte Orangen und 2 Zitronen dünn schälen und einen Teil der Schalen hineingeben. Einen feuerfesten Topf gut vorwärmen, Zimt und Nelken entfernen, den knallheißen Rotwein hineingießen. Den Saft der Orangen und Zitronen hinzufügen und etwas gemahlenen Ingwer auf die Oberfläche streuen. Die Feuerzange quer über das Gefäß legen, 1 Zuckerhut daraufgeben und nach und nach mit 54- oder 55%igem Rum tränken. Licht ausmachen und die Bowle anzünden.

Den Rum langsam nachgießen, aber nie aus der Flasche, sondern immer aus einem Schöpfer. Zum Schluß tanzen nur noch kleine blaue Flämmchen auf der Oberfläche. Vorsicht, wenn der Zukker brennt – er spritzt und schafft eine üble Kombination aus Brand- und Zuckerflecken.
Die Feuerzangenbowle gehört in die Familie der Crambambuli-Getränke, über die der Barockdichter Koromandel so sang:

Crambambuli, das ist der Titel
Des Tranks, der sich bei uns bewährt.
Es ist ein ganz probates Mittel,
Wenn uns was Böses widerfährt.

Wobei eines der Rezepte aus einer Flasche Arrak bestand, die man in einem Topf entzündete. Über dieser Flamme wurde ein Stück Hutzucker geschmolzen und die Mischung (flüssiger Zucker plus heißer Arrak) sofort getrunken.

Hier noch aus einer alten Sammlung:

Altbrandenburger Kaffee
»Es wird eine Flasche guten roten Portweins mit einer drittel Flasche guten Cognacs gemischt und beide aufgekocht. Zucker nach Belieben. (Bei Schwächezuständen empfehlenswert.)«

Engerser Schloßpunsch
»Man koche drei Flaschen Rheinwein (mit Zukkerzuthat nach Geschmack); in den siedenden Wein gieße man eine Flasche Madeira und walle das Ganze nochmals auf. Beim Abheben vom Feuer wird eine Flasche Sekt zugegeben. Stets wird eine zweite u.s.f. Auflage verlangt.«

Teepunsch
»Man brüht fünf Gramm Souchongthee in einem Liter kochenden Wasser auf, löst darin nach dem Abfüllen in die angewärmte Terrine etwa zweihundertfünfundsiebzig bis dreihundert Gramm Zucker auf und drückt den Saft von zwei Citronen hinein. In einem besonderen Topfe bringt man eine Flasche guten französischen oder ungarischen Rotwein fast zum Kochen, mischt denselben mit dem heißgehaltenen Thee und fügt eine halbe Flasche Rum hinzu.«

Sherry-Punsch
»Man nimmt ein viertel Liter Sherry, ein viertel Liter Arrak, ein halbes Liter heißes Wasser und etwa sechzehn Stück Würfelzucker. Beim Servieren legt man je eine dünne Citronenscheibe oben ins Glas.«

Negus
1 Flasche Portwein, die gleiche Menge kochendes Wasser, je nach Süße des Portweins Zucker, Saft von 1 Zitrone, 2 Scheiben Zitrone. Zusammenrühren und sofort heiß servieren.
Dieses Getränk hat seinen Namen nicht vom Kaiser von Äthiopien, sondern von seinem Erfinder Colonel Francis Negus, Angehöriger der Armee von Queen Anne, der 1732 starb. Der deutsche Name für dieses Getränk ist das verballhornte »Heiße Neger«.

Vom Colonel, der Spezialist für Portwein und heiße Getränke gewesen sein muß, stammt auch dieser Punsch:

Punsch auf die warme Art

Soda Negus
¼ l Portwein mit 4 Zuckerstücken, 3 Nelken und so viel geriebenem Muskat, um einen Shilling zu bedecken, in einem Gefäß erhitzen, aber nicht zum Kochen bringen. In einen Krug geben und 1 Flasche Sodawasser schnell dazugießen, aber nicht umrühren. Einschenken.

Ebenfalls englisch, ebenfalls historisch ist der folgende Punsch, der seinen Namen nach einem normannischen Baronet führt, der durch seine Trinkgelage prominent geworden ist.

Sir Roger de Coverley
1 Flasche Bordeaux, 2 Südweingläser (12 cl) Tawny-Portwein, 2 cl Cointreau, 1 Teel. gemahlenen Zimt, 1 Teel. gemahlenen Kardamom, 4 Nelken, etwas geriebenen Muskat und Zucker nach Geschmack in einen Topf geben und langsam erhitzen. Nicht kochen, aber eben vor dem Kochen 2 Minuten sieden lassen. Durch ein Teesieb in feuerfeste Gläser gießen.

Wärmer von den Falkland-Inseln
Pro Person 1 Eßl. Zitronensaft mit ¼ Teel. Puderzucker und 4 cl Drambuie (Whiskylikör) mischen. Mit heißem Wasser nach Geschmack auffüllen und sofort trinken.

Alliance de Neuchâtel
6 Eigelbe mit 250 g Zucker und dem Saft von 1 großen Orange zu einer dicken Creme verrühren. Gleichzeitig 1 l Rotwein mit ½ Vanillestange bis fast ans Kochen erhitzen. Die Vanille herausfischen und den Wein unter Rühren mit dem Schneebesen oder dem Handmixer zur Creme geben. Das schaumige Getränk in Gläser gießen und servieren.

Eier-Warmbier 1
Pro Person 1 ganzes Ei, ¼ l dunkles Bier und 30 g Zucker aufs Feuer geben. Mit dem Schneebesen oder Handmixer schlagen, bis es ans Kochen kommt, aber nicht kochen lassen. In feuerfesten Gläsern heiß servieren.

Eier-Warmbier 2
6 Eigelbe mit 1 Schuß hellem Bier und 5 cl Arrak schaumig rühren. 3 Eßl. Zucker mit ¼ l Bier und 1 Prise Zimt bis ans Kochen bringen. Mit der Eimischung gründlich verquirlen und warm servieren.

Ganz modern ist der warme Nachttrunk mit dem Mode-Softlikör Bailey's Irish Cream.

Irish Cow
5 cl Bailey's Irish Cream mit 10 cl kochendheißer Milch aufgießen und vorsichtig in einem feuerfesten Glas oder in einer großen Tasse verrühren. Im übrigen sind die Proportionen Geschmackssache.
Haben Sie eine richtige Espressomaschine, mit der Sie heißen Dampf in ein Getränk leiten und dieses aufschäumen lassen können, geben Sie nur Bailey's Irish Cream in eine Espressotasse und schäumen ihn mit heißem Dampf auf. Sofort schlürfen.

Milch mit und ohne Alkohol

Milch ist gesund. Milch ist preiswert. Milch wird aber nicht immer so gerne pur getrunken. Deshalb bietet sich Milch als Mixgetränk geradezu an. Bei jungen Leuten gibt es zwei eindeutige Favoriten (wie die Milchbars feststellten): nämlich zwei Drittel Milch, ein Drittel Cola, plus 1 Scheibe Zitrone; und halb Milch, halb Orangensaft, auf einigen Eisstücken serviert. Doch vor den Rezepten etwas Grundsätzliches:

- Wichtig bei allen Milchmixen ist das gründliche Verquirlen. Das geht am besten mit einem Handmixer oder im Mixbecher einer Küchenmaschine. Wer nicht so technisiert ist, nimmt Schneebesen oder Schüttelbecher.
- Milchgemixtes muß immer sofort serviert werden. Mischungen von Alkohol und Milch oder Fruchtsäften und Milch können die Milch zum Gerinnen bringen und durch längeres oder kürzeres Stehen auseinandergehen. Außerdem können Milchmixe unansehnlich werden.
- Alle Zutaten sollten gut zerkleinert sein.
- Die Milchmixe sollten gut gekühlt sein. Das erreicht man mit Eis oder mit vorher gut gekühlten Zutaten.
- Nehmen Sie nie Gläser, in denen Sie auch mal Bier servieren wollen. Milchfett ist hartnäckig und kann selbst nach mehrmaligem Spülen noch den Bierschaum killen.
- Machen Sie sich keine Illusionen über den Kalorien- oder Joulewert dieser Drinks. Eine Mischung aus Milch, Honig, Zucker, Obstsaft und Eigelb ist kalorienschwer wie ein Stück Torte mit Sahne. Deshalb: Milchdrinks löschen den Durst und stillen gleichzeitig den Hunger.

Milch ohne Alkohol

Das einfachste Rezept ist eine Mischung von Fruchtsaft und Milch.

Kirschmilch

Besonders ideal ist die Mischung im Verhältnis von zwei Drittel Milch und einem Drittel Kirschsaft. Gut verquirlen und kühl servieren.

Variante: 125 g Sauerkirschen entsteinen und zerkleinern. Mit ¼ l Milch mixen. 5 Minuten ziehen lassen. 1 kräftigen Schuß Mineralwasser dazugeben und servieren.

Milch mit und ohne Alkohol

Schwarze Milch
⅛ l schwarzen Johannisbeersaft mit ¼ l Milch verquirlen. Runder wird's, wenn man den Johannisbeersaft zuerst mit 1 Eigelb schlägt.
Zwischenbemerkung: Stellen Sie die Gläser in den Kühlschrank oder schwenken Sie sie mit einigen Eisstücken aus, damit sie kalt und beschlagen sind. Dann brauchen Sie die Milch nicht mit Eiswürfeln zu verwässern.

Erdbeermilch
250 g tiefgekühlte Erdbeeren antauen lassen und mit Zucker bestreuen. Zusammen mit ½ l Milch mixen. Dann, vor dem Servieren, mit weiteren ½ l Milch und ¼ l Mineralwasser auffüllen.

Milchbowle
500 g Pfirsiche abziehen, in kleine Würfel schneiden und zuckern. 15 Minuten ziehen lassen. 1 l Milch darübergießen und in den Kühlschrank stellen. Vor dem Servieren 1 große Flasche Mineralwasser dazugeben.

Erdbeerjoghurt
1 Glas Joghurt mit 3 gehäuften Teel. Nesquik Erdbeere (Instant-Pulver) und ½ Tasse Milch verquirlen. Eiskalt servieren.

Aprikosenbecher
500 g Aprikosen ohne Kerne in wenig Wasser weichkochen. Abkühlen lassen und zusammen mit Zucker (nach Geschmack) und 1 l Buttermilch im Mixer verquirlen. Servieren.

Himbeermilch
½ l Milch mit 1 Eßl. Zucker und 500 g Himbeeren in den Mixer geben, bis die Früchte püriert sind. Auf zwei große Gläser verteilen und in jedes Glas 1 Portion Himbeereis geben. Mit Strohhalm servieren.

Variante: Statt Himbeeren können Sie auch Erdbeeren nehmen, beim Eis ebenso.

Lebenswecker
1 Eßl. braunen Zucker, 2 Eßl. Joghurt, 1 Eßl. Sanddornsaft, 1 Eßl. Kaba und den Saft von 1 Orange gut mixen und mit 1 Tasse kalter Milch auffüllen. Mit Strohhalm servieren.

Es müssen aber nicht nur Früchte sein:

Erdnußmilch
4 Eßl. Honig und 4 Eßl. Erdnußbutter zu einer cremigen Paste verrühren, dann langsam ½ Tasse Milch dazugeben und glattrühren. Mit knapp 1 l Milch in den Mixer geben und 1 Minute quirlen lassen. Wer es gern kalt mag, gibt in den Mixer einige kleingehackte Eisstückchen.

Schokolade von St. Thomas
½ l kräftigen Milchkakao gut durchkühlen. In vier Gläser gießen und in jedes Glas 4 Eßl. Sahne und 1 bis 2 Spritzer Angostura-Bitter geben. Umrühren, mit Soda auffüllen und nochmals umrühren. Servieren. Für ganz Erwachsene darf noch zusätzlich etwas weißer Rum zugegeben werden.

Eismilch
1 l Milch zum Sieden bringen. 125 g Zucker hineinrühren und 1 Stück unbehandelte Zitronenschale dazugeben. Abkühlen und im Kühlschrank oder Tiefkühlfach eiskalt werden lassen. Die Zitronenschale herausfischen. In Gläsern mit etwas Zimt bestreut servieren.

Ganz einfach ist diese Kombination, eine Art köstlicher

Diätmilch
In ¼ l Milch, gut gekühlt, 1 Likörglas Friate (Frutin) rühren. Friate ist eine natürliche Fruchtwürze mit Milchsäure aus dem Hause Donath.

Aus Pakistan stammt dieser erstaunlich erfrischende Gesundheitscocktail. Er heißt

Borani
2 Becher Joghurt in den Mixer geben, salzen und mit der Pfeffermühle pfeffern. ½ l Wasser dazugießen und die abgeriebene Schale von 1 unbehandelten Zitrone, 1 Messerspitze Chilipowder und ½ Teel. frische gehackte oder ¼ Teel. zerbröselte getrocknete Minze hineingeben. 1 Minute lang verquirlen. Das geht natürlich auch mit dem Handmixer. 1 Stunde in den Kühlschrank stellen. Gut durchgerührt in vorgekühlten Gläsern servieren.

Buttermilchflip
Den Saft von 2 Orangen mit 4 Eßl. Dextropur plus verrühren. Mit ½ l eiskalter Buttermilch aufgießen. Den Saft von ½ Zitrone mit dem Schneebesen unterschlagen. In Gläser füllen und mit etwas abgeriebener Zitronenschale bestreuen.

Variante: Statt Buttermilch ⅜ l Vollmilch und ⅛ l Kaffeesahne nehmen.

Milch mit Alkohol

Milch und Alkohol vertragen sich natürlich auch. Hier einige raffinierte Drinks:

Konferenzflip
½ l Milch, 2 Eßl. Kondensmilch, 2 Eigelbe, 1 Eßl. Instant-Kaffee, 2 Eßl. Kaba, 1 Eßl. Zucker, 1 Eßl. Traubenzucker, 1 Päckchen Vanillinzucker, 1 Schnapsgläschen (2 cl) Weinbrand in den Mixer geben und gut verquirlen. In vier Gläser füllen. Mit Eiswürfeln und Strohhalmen servieren.

Pariser Milch
In einen Shaker einige Eiswürfel geben, darauf ⅛ l Milch. 1 Gläschen (2 cl) Pernod dazu. Gut schütteln und in großem Glas servieren.

Kirschflip
4 cl Kirschlikör oder Cherry Brandy mit 2 Teel. Sahne und 2 Teel. Milch, 1 Teel. Zucker und 1 Eigelb in den Shaker geben. 1 Eiswürfel dazu, gut schütteln und sofort servieren.

Schottischer Eggnog
3 cl schottischen Whisky, 2 cl Drambuie (Whiskylikör), 1 cl Grand Marnier und 1 Ei mit zerkleinertem Eis im Shaker gründlich schütteln. Mit ¼ l Milch auffüllen und in hohen Bechergläsern servieren.

Teemilch
6 Teel. Ceylontee mit 1 l Milch aufbrühen und 5 Minuten ziehen lassen. Durch ein Sieb gießen, nach Geschmack süßen und kalt werden lassen. ¼ l Sahne dazurühren und mit Weinbrand oder Rum nach Geschmack alkoholisieren. Auf Eisstücken servieren.

Wer es lieber heiß mag, für den sind die nächsten vier Rezepte sicher das Richtige:

Severin Milk
1 doppelten Gin oder Uerdinger Doppelwacholder mit 1 Teel. Dextropur (Traubenzucker) verrühren. Mit doppelt soviel Milch heiß werden lassen und servieren.

Vogelbeeren-Milch
4 cl Sechsämtertropfen mit ⅛ l Milch heiß machen, servieren und sofort schlürfen.

Hoppelpoppel
1 Eigelb mit 1 Teel. Vanillinzucker schaumig rühren. Etwas abgeriebene Zitronenschale dazugeben. In ⅛ l kochender Milch 1 Teel. karamelisierten Zucker auflösen. Das Eigelb mit 4 cl erwärmtem Kirschwasser mischen. In ein feuerfestes Glas geben und mit der Milch aufgießen.

Die Rum-Kuh
¼ l Milch bis fast ans Kochen bringen. 2 Eßl. Honig darin auflösen und 2 Eßl. Jamaika-Rum dazugeben. So heiß wie möglich trinken.

Bel ami
2 cl Weinbrand, 2 cl Apricot Brandy und 4 cl Kaffeesahne auf Eis schütteln. Eine Kugel Vanilleeis in ein großes Glas oder Becher geben, das Getränk darübergießen. Mit Trinkhalm und Löffel servieren.

Orangen-Flip
2 cl Cointreau, 2 cl Orangensaft, 2 cl Kaffeesahne und 1 Eigelb auf Eis gründlich schütteln. In ein Glas füllen und mit Trinkhalm servieren.

Ice Cream Soda mit Rum-Kuh
2 cl Milch, 2 cl Sahne und 4 cl Jamaika-Rum miteinander verrühren. Diese Mischung auf zwei hohe Bechergläser verteilen. Jeweils 1 Kugel oder 1 Stück Vanilleeis, je 1 Teel. Ingwersirup (von eingelegtem Ingwer) und 1 feingehackte eingelegte Ingwerknolle daraufgeben. Mit eiskaltem Sodawasser auffüllen und mit Trinkhalm und Löffel servieren.

Statt mit Milch können Ice Cream Sodas auch mit Fruchtsäften gemacht werden (Bild Einband Rückseite).

Mexiko Spezial
In ⅛ l Milch 1 Teel. Instant-Kaffee und 3 cl fertigen Schokoladensirup auflösen. 2 Eiswürfel in ein hohes Glas geben, darüber 4 cl Tequila gießen und mit der Kaffee-Schokoladen-Milch auffüllen. Durchrühren und servieren.

Variante: Statt Tequila weißen Rum nehmen.

Wieder en vogue kommen die Milch-Klassiker der zwanziger Jahre, Cocktails, die sanft schmecken und gefährlich wirken.

Alexander
4 cl Gin, 1 cl Sahne und 1 cl Crème de Cacao mit Eis schütteln und in ein Cocktailglas seihen. Die ältere Fassung bestand aus den gleichen Zutaten zu gleichen Teilen: ein noch gefährlicherer Drink.

Die Abwandlung Nummer eins:
Panama
4 cl Cognac, 1 cl Sahne und 1 cl Crème de Cacao mit kleingehacktem Eis kräftig schütteln und in ein Cocktailglas seihen. Dieser Drink wird auch als **Brandy Alexander** offeriert.

Ersetzt man Crème de Cacao durch kräftig schmeckenden Kaffeelikör wie den mexikanischen Kahlúa oder den jamaikanischen Tia Maria (er ist nicht so süß wie der Kahlúa), dann erhält man den **Kahlúalexander**.

Nächste Abwandlung:
La Négresse blonde
2 cl Gin, 2 cl Cognac, 1 cl Sahne und 1 cl Crème de Cacao mit zerstoßenem Eis kräftig schütteln und in ein Cocktailglas seihen.

Abwandlung Nummer vier:
Alexander's Sister
2 cl Gin, 2 cl Crème de Menthe Weiß und 2 cl Sahne mit Eis kräftig schütteln und in ein Cocktailglas seihen.

Milch mit und ohne Alkohol

Zur Jeansgeneration paßt der

Cowboy
4 cl Bourbon Whiskey mit 2 cl frischer Sahne im Shaker mit kleingehacktem Eis schütteln. In ein Becherglas seihen. Statt Bourbon kann man auch Birnenbrand oder Doppelkorn nehmen.

Aus New Orleans stammt dieser Antikater-Drink mit Milch, den man vor dem Frühstück trinkt. Das Orangenblütenwasser wird von der Firma Warrick Frères in Grasse, Frankreich, hergestellt und in einer giftblauen Flasche verkauft.

Ramos Fizz
1 Eßl. Zuckersirup, Saft von ½ großen Limette, Saft von ½ mittleren Zitrone, 1 Eiweiß, 2½ cl Sahne, 5 cl Gin, 1 Teel. Orangenblütenwasser lange mit kleingeschlagenem Eis schütteln. Wenn man es ein paar Minuten macht, wird der Drink perfekt. In ein großes Glas seihen, kräftig mit Soda aus dem Siphon spritzen. Läßt man das Orangenblütenwasser weg, heißt der Drink **New Orleans Gin Fizz**.

Die folgende Variante trank ich gerne auf der Royal Viking Star:

Anton's Ramos Fizz
4½ cl Gin, 9 cl halb Milch, halb Sahne, 1 Eiweiß, Saft von ½ großen Zitrone, 1 gehäuften Teel. Zukker und 1 Teel. Orangenblütenwasser mit zerstoßenem Eis gut schütteln und in ein Highballglas seihen.

Elegante große Sommerdrinks sind

La Vache Cognac
3 Eiswürfel, 9 cl Cognac wie Martell oder Remy Martin, 1 Teel. Zuckersirup, 1 cl Cointreau, 3 cl frische Sahne und ⅒ l Milch in einen Elektromixer geben. Mischen, bis das Eis ganz zerschlagen ist. Die »Cognac-Kuh« sofort in ein 0,3-l-Becherglas gießen und mit etwas Muskatnuß bestäuben.

Bull's Milk
In einen Shaker kleingeschlagenes Eis, 1 Ei, 2 cl Jamaika-Rum, 3 cl Weinbrand, 1 Teel. Zuckersirup und 2/10 l Milch geben. Gründlich schütteln und in ein 0,4-l-Becherglas seihen. An den Rand 1 Stückchen Zitronenschale hängen. Um dem derzeitigen Trend nach Irish Cream entgegenzukommen, kann man 1. die Milch durch einen nicht zu hohen Sahneanteil voller machen, 2. statt Rum und Weinbrand 5 cl Irish Whiskey nehmen und den Drink **Bantry Bull's Milk** nennen.

Für Alternative, die nichts gegen Alkohol haben, erfand ich

Trinkmolke plus
⅛ l Trinkmolke plus Apfel (Reformhaus) gut gekühlt in ein Glas geben und entweder mit 4 cl Wodka oder 4 cl Doppelwacholder verrühren. Ein heimtückischer Drink: Wer auf die »rechtsdrehende Milchsäure« der Trinkmolke schwört, wird auf die linksdrehende des Wodkas nicht gefaßt sein.

Drinkers Kaffeeküche

Jede Sekunde, rund um die Uhr gerechnet, werden in Mitteleuropa 90 278 Tassen Kaffee getrunken. Dieser Motor für Geist und Geselligkeit schmeckt aber nicht nur mit heißem Wasser überbrüht – aus Kaffee kann man auch herrliche Drinks machen. Doch zunächst einmal das

Gute-Tasse-Kaffee-Rezept
60 g Kaffee plus 1 l Wasser ergeben einen ordentlichen, 80 g Kaffee plus 1 l Wasser einen guten Kaffee, 100 g Mokkamischung oder Mokka-Perl plus 1 l Wasser einen teufelsschwarzen Mokka. Das Wasser muß frisch sein und eben ans Kochen kommen wollen. Totgekochtes und verchlortes Wasser ruinieren den Geschmack. Ist Ihr Leitungswasser nicht genießbar, nehmen Sie Mineralwasser. Kanne bitte vorwärmen und das Wasser in drei Etappen aufgießen (es soll 95 Grad C haben). Beim Filtern ähnlich verfahren. Kanne warm halten, aber nicht auf Rechaud, da der Kaffee sonst ins Brodeln kommen könnte. Bei Kaffeemaschinen wird der Kaffee auf 75 Grad C Temperatur gehalten.
Merke: Die einzige Methode, bei der Kaffee kochen darf, ist die türkische (siehe Seite 94).

Beethoven bestand auf 60 Kaffeebohnen pro Tasse. Nachgewogen sind das gut 8 g oder zwei der Maße, die Röster und Kaffeemaschinenhersteller mitliefern. Wie groß oder klein Beethovens Tassen immer gewesen sein mögen: Schwach war sein Kaffee nicht.

Heiß gebrüht und heiß getrunken

Die wärmste Methode, einen starken Kaffee wieder dünn zu machen, nennt sich

Dänischer Kaffeepunsch
40 g Kaffee mit ½ l Wasser aufgießen oder filtern. Mit 2 Eßl. Zucker oder mit Süßstoff süßen. In jede angewärmte Tasse eine gut gesäuberte Münze legen (stilecht ein 10-Öre-Stück). Die Münze mit dem daraufgegossenen Kaffee unsichtbar machen. So viel Aquavit dazugießen, bis man die Münze wieder sehen kann.

Drinkers Kaffeeküche

Holländischer Kaffee – Koffie met Advokaat
Den Kaffee aus 30 g Kaffee und ½ l Wasser wie gewohnt zubereiten. ¼ l Eierlikör auf die gewärmten Tassen verteilen und mit heißem Kaffee vorsichtig aufgießen. Schlagsahneklecks darauf und mit einer Mischung aus ½ Teel. Instant-Kaffee und ½ Teel. Kakaopulver bestreuen.

Russen-Kaffee
⅛ l Wasser mit ⅛ l Rotwein, 2 Eßl. Zucker und 4 cl Wodka erhitzen, aber nicht zum Kochen bringen. 2 gehäufte Teel. Instant-Kaffee darin auflösen und in einem feuerfesten Glas oder großer Tasse servieren.

Mein Kaffeepunsch
½ l starken Kaffee, ½ l Portwein, ½ l Jamaika-Rum und Kandis zusammengießen und erhitzen, aber nicht zum Kochen bringen. Umrühren, daß der Kandis sich lösen kann. Heiß trinken – Vorsicht! Sehr kräftig!

So ein Pharisäer ist etwas Besonderes! Ich will damit kein Loblied auf die Heuchelei singen, sondern Ihnen den ersten der Tarntränke vorstellen, der in und um Husum zu Hause ist.

Pharisäer
In eine große, kräftige Kaffeetasse 1 großes Schnapsglas Jamaika-Rum geben. 1 Teel. Zucker dazu, mit heißem, starkem Kaffee auffüllen und mit einer Haube von Schlagsahne krönen. Genüßlich durch die Sahne schlürfen.

Erfunden haben ihn, so wird in Grog-Kreisen erzählt, Bauern auf der Insel Nordstrand bei Husum, die mit ihrem Pfarrer Skat spielten und immer reichlich Grog dazu tranken. Der Pfarrer verdonnerte sie deswegen von der Kanzel herab (in Anwesenheit ihrer Ehefrauen), und die Bauern revanchierten sich mit der Kaffeetarnung, bei der die Schlagsahne den Rumgeruch absorbiert. Als der Pfarrer im Eifer des Spiels die Tasse des Nachbarn griff und trank, soll er »Ihr Pharisäer!« gerufen haben. Ein neues Getränk hatte seinen Namen.
Im Oktober 1981 entschied ein Amtsrichter aus Flensburg gegen einen Gastwirt aus Glücksburg, daß 2 cl Rum auf 1 Tasse voll Kaffee zu wenig seien. Ein Pharisäer dürfe nicht »fade und ausdruckslos« schmecken, sondern »herzhaft« und müsse »Leib und Seele erwärmen«. Leider gab der Richter die Mindest-Rummenge nicht an, in einschlägigen Rezepten ist von einem großen Schnapsglas (4 cl) auf eine halbe Tasse voll Kaffee oder von »reichlich Rum« die Rede.

Wenn wir uns allerdings international umschauen, ist Alkohol im Kaffee ein altes Getränk. Wie zum Beispiel der

Irish Coffee (Bild Seite 80, Einband Rückseite)
Etwa 3 cl irischen Whiskey in ein vorgewärmtes und feuerfestes ¼-l-Glas geben (Tarner nehmen natürlich eine Tasse). Mit heißem, starkem Kaffee bis 2 cm vom Rand auffüllen. Mindestens 1 Teel. Zucker dazugeben; bei weniger schwimmt die Sahne nicht, bei viel mehr wird der Irish Coffee zu süß. Ganz richtig ist übrigens brauner Zucker. Umrühren und über den Rücken eines Löffels

leicht geschlagene, kalte Sahne auf das Getränk fließen lassen. Nicht mehr rühren: trinken. Und sich nicht den Mund verbrennen – die kühle Sahne täuscht!

Die schottische Hochland-Variante geht so:

Gälischer Kaffee
4 cl vorgewärmten Whisky schottischer Richtung ins Glas geben und heißen Kaffee dazu. Zucker und etwas fester geschlagene Sahne darauf, die man mit geriebener Schokolade überstreut. Snobs zünden den Whisky an und löschen ihn mit dem Kaffee; Tarntrinker finden es jammerschade, im Winter schönen Alkohol zu verbrennen.

Schwarzwald-Kaffee
Diese deutsche Version von Irish Coffee geht so: In vier feuerfeste Gläser je 2 cl Kirschwasser geben und darauf ¾ l heißen Kaffee verteilen. Je 1 Eßl. braunen Zucker gut darin umrühren. Über den Rücken eines Eßlöffels vorsichtig leicht geschlagene Sahne darauf laufen lassen – sie soll auf der Oberfläche schwimmen. Den heißen Kaffee, durch das Kirschwasser wunderbar weich gemacht, an einem kühlen Sommerabend durch die kalte Sahne schlürfen. Sie können daraus auch eine Show machen, indem Sie entweder das Kirschwasser im Glas anzünden (Glas mit Kirschwasser vorsichtig über Spiritusflamme drehen, bis sich das Obstwasser entzündet) oder aber das brennende Kirschwasser wie einen dünnen feurigen Faden in den Kaffee gießen.

Mein Spezial-Mokka
Wenn die Natur ganz, ganz kalt oder das Leben ganz, ganz scheußlich ist: Je 1 Tasse starken Kaffee und kräftigen Wasserkakao zusammenrühren und nochmal erhitzen (aber nicht aufkochen). Mit 1 ordentlichen Schuß westindischem Rum abschmecken, zuckern und mit oder ohne Schlagsahnehaube heiß schlürfen. Auch ältere, dem Alkohol nicht abgeneigte Damen mögen diese Mischung gern.

Kaffee hot and cool
Wir geben in die Tasse 2 bis 3 cl Pfefferminzlikör und füllen mit kochendheißem, starkem Kaffee auf. Keinen Zucker und keine Sahne. Für junge Leute, Intellektuelle und Menthol-Raucher.

Kaiser-Melange
In einer Tasse 1 Eigelb mit 1 Teel. kaltem Wasser verrühren, bis die Mischung hell geworden ist. 2 Teel. Zucker dazu und mit 3 Eßl. heißer Sahne versetzen. Umrühren und knapp 1 Tasse kochendheißen und bitte recht starken Kaffee dazu. Mit 1 Eßl. Weinbrand abrunden.

Café Gloria
¼ l starken heißen Kaffee in zwei große vorgewärmte Tassen geben. 1 Eßl. Zucker gleichmäßig auf beide verteilen und umrühren, bis er sich gelöst hat. Dann ⅛ l ebenfalls angewärmten Cognac dazu. Das macht kalte Füße nach 15 Minuten wieder warm.
P.S. Statt Cognac kann man auch Kirschwasser, Birnenbrand oder Armagnac nehmen.

Drinkers Kaffeeküche

Café Cointreau
1 gehäufter Eßl. Instant-Kaffee, 1⅓ Tassen kochendes Wasser und ¼ Tasse Cointreau zusammengießen. In zwei Tassen je 1 Stück unbehandelte Zitronenschale legen und mit dem Kaffeegemisch aufgießen.

Mokka Java
1 Tasse starken Kaffee und 1 Tasse starken Wasserkakao zusammengießen, nochmals aufwärmen (sie dürfen aber nicht mehr kochen) und mit je 1 Eßl. Schlagsahne in zwei Tassen servieren.

Anmerkung: Alle diese Kaffeedrinks vertragen 1 Prise Zimt. Sie können sie auch mit 1 Zimtstange zum Umrühr-Würzen servieren.

Auf der Kaffeelinie gibt es noch viele Variationsmöglichkeiten. Der **Café Royal** wird mit Cognac befeuert (zwei Drittel Kaffee, ein Drittel Cognac). In den **Café Impérial** gießt man langsam und genüßlich brennenden Bourbon Whiskey, Rum oder Weinbrand. Der **Berner Schuß** hat sein besonderes Aroma durch das Kirschwasser; Sie können ihn aber auch mit Fruchtlikören, mit Kümmel oder Korn und, wenn Sie sich den reinen Kaffeegeschmack nicht verfälschen wollen, mit Wodka oder Kaffeelikör verstärken.

D.O.M. Café
In eine Kaffeetasse 3 cl Bénédictine geben und zu zwei Drittel mit heißem Kaffee auffüllen. Mit einer Schlagsahnehaube garnieren.

Banana-Kaffee
1 Tasse starken, heißen Kaffee in ein feuerfestes Glas geben. 1 Teel. Vanillinzucker und 1 Teel. Rum mit 2 Eßl. Sahne schlagen; nach und nach 2 cl Bananavit dazugeben. Diese Mischung auf den Kaffee gießen. Mit einem Trinkhalm heiß servieren.

Athol Brose
1 Stückchen Kandiszucker, 2 cl Whisky und 1 Teel. Honig über kleinem Feuer unter Rühren zergehen lassen. In ein feuerfestes Glas gießen und mit starkem, heißem Kaffee aufgießen.

Trader Vic's Coffee Grog
1 Teel. frische Butter, je 1 Stückchen unbehandelte Zitronen- und Orangenschale und 4 cl Puerto-Rico-Rum in eine vorgewärmte große Tasse geben. 3 Eßl. Sahne dazu und mit kochendheißem Kaffee auffüllen. Gut durchrühren und trinken.

Café Cacao
4 Eßl. Instant-Kaffee mit 1½ Tassen kochendem Wasser und 5 Eßl. Kakao- oder Schokoladenlikör zusammenrühren. In vorgewärmte Tassen füllen und mit Schlagsahnehaube servieren.

Türkischer Kaffee
Es gibt Varianten, die sich in der türkischen und griechischen Küche ähneln:
1. stark und süß, für 1 Tasse 1½ Teel. Kaffee, 2 Teel. Zucker;

2. stark und weniger süß, für 1 Tasse 1½ Teel. Kaffee und ¾ Teel. Zucker;
3. weniger stark und süß, für 1 Tasse 1 Teel. Kaffee und 1½ Teel. Zucker;
4. stark und ungesüßt, für 1 Tasse 1½ bis 2 Teel. Kaffee.

Der Kaffee muß puderfein gemahlen sein. Es empfiehlt sich, den speziell dafür abgestimmten und schon gemahlenen griechischen Kaffee »Bravo« zu kaufen.

Je nach persönlichem Geschmack dosieren wir Kaffee- und Zuckermenge. Wir geben in den »Briki«, der auf türkisch »Tscheswe« heißt (das ist die oben verengte langstielige Kanne, die bei uns meist aus Kupfer angeboten wird), Zucker und 1 Mokkatasse voll kaltes Wasser, setzen aufs Feuer, lassen aufkochen, nehmen vom Feuer, geben den Kaffee dazu und lassen nochmals aufkochen. Dabei soll das Kännchen nur mit der halben Standfläche auf dem Feuer (Kochplatte) stehen, damit der Kaffee nur an einer Seite hochgeht und wie eine Welle umschlägt. In diesem Moment gießt man den Kaffee in Täßchen. Man trinkt, wobei man versucht, so viel wie möglich vom Satz mitzutrinken.

Heiß gebrüht und kalt getrunken

Natürlich kann man, besonders an heißen Tagen, auch Kaffee kalt trinken. Das bekannteste Rezept ist der Eiskaffee.

Eiskaffee nach Art Ihres Hauses

Aus 0,6 l Wasser und 4 gehäuften Eßl. Kaffeepulver einen starken Filterkaffee machen. Auskühlen lassen und mit jeweils 1 Stück Vanilleeis in vier hohen Gläsern servieren. Kann mit je einer Haube Schlagsahne gekrönt werden, die wir mit geriebener Bitterschokolade bestreuen. Muß mit Trinkhalm serviert werden.

Rahmkaffee eiskalt

Aus 0,4 l Wasser und 3 gehäuften Eßl. Kaffeepulver einen starken Filterkaffee machen. Abkühlen lassen und im Eisbereiter zu Würfeln gefrieren lassen. Einige davon in ein hohes Glas geben und mit zimmerwarmer süßer Sahne übergießen. Umrühren, abwarten und Kaffee trinken. Man darf statt Sahne auch Milch nehmen.

Milchkaffee für heiße Männer

1 l starken kalten Mokka mit ½ l Milch mischen, mit 2 Päckchen Vanillinzucker und 4 Schnapsgläsern (8 cl) Kirschwasser abschmecken und gut kühlen. Mit Vanilleeis in sechs Gläser geben, mit einer Sahnehaube krönen und mit geriebener Muskatnuß würzen. Mit Trinkhalm und Teelöffel servieren.

Drinkers Kaffeeküche

Chinakaffee
40 g Kaffee mit ½ l Wasser wie üblich filtern (oder einen starken Kaffee aus Pulverkaffee machen). Abkühlen lassen. Mit ¼ l Chinamartini verrühren. In vier hohe Gläser je 2 Kugeln Vanilleeis geben, mit dem Kaffee auffüllen und mit geraspelter Schokolade überstreuen. Mit Trinkhalm servieren.

Joghurt von der Küste
1 Becher Magerjoghurt, 1 Teel. Instant-Kaffee, 1 Schnapsglas (2 cl) Rum und 1 Eßl. Zucker gut miteinander verquirlen und kalt oder eisgekühlt in Glas oder Becher servieren.

Amerikanischer Eiskaffee
100 g dunkle Kirschen ohne Kern (im Sommer frische) abtropfen lassen, mit 6 cl Kirschwasser, 4 Eßl. Sahne und ½ l Kaffee aus 30 g Bohnen (oder der entsprechenden Menge Instant-Kaffee) in einen Elektromixer geben und 30 Sekunden laufen lassen oder mit dem Handmixer pürieren. Im Kühlschrank durchkühlen und in vier Gläsern servieren.

Kaffee Greco
Ein großes Glas bis zur Hälfte mit feingeschlagenem Eis füllen. ½ Glas sehr starken, eiskalten Kaffee darübergießen. Der Kaffee soll gut gesüßt sein. 1 Likörglas braunen Rum dazu, 1 Minute kräftig rühren. Durch ein Sieb in ein Glas gießen und sofort servieren.

Eiskaffee auf die schnelle
Doppeltstarken Kaffee filtern (zur üblichen Menge die Hälfte Wasser nehmen). Heiß über Eiswürfel gießen; die Gläser sollten hitzebeständig sein. Ist sofort servierbereit und wieder normal stark.

Mazagran
1 Tasse starken kalten Kaffee mit 1 Stück Eis und 1 kräftigen Schuß Cognac in ein Glas geben. Sodawasser zum eventuellen Verlängern dazu servieren.

Varianten: Statt Cognac kann Kirschwasser, Marc, Calvados, Cointreau oder Grand Marnier genommen werden.

Rum Mocha
Ein großes Glas bis zur Hälfte mit Vanilleeis füllen. 2 Eßl. feingehacktes Eis darauf geben und 6 cl Puerto-Rico-Rum darübergießen. Mit heißem, kräftigem Kaffee auffüllen, umrühren und servieren.

Eiskaffee Hawaii
2 Tassen starken kalten Kaffee mit 1 Tasse kaltem Ananassaft und 4 gehäuften Eßl. Kaffee-Eis mit dem Handmixer cremig rühren. In Gläser füllen und mit frischer Minze garnieren.

Kaffee-Wissen für Praktiker

Bei einer normalen Kaffeemaschine haben Sie die Wahl zwischen Tütenfilter und Rundfilter. Mit Tütenfilter arbeitet es sich schneller, doch der Kaffee sollte grob gemahlen sein. Außerdem eignet sich dieser Typ für größere Mengen: ab 4 Tassen aufwärts. Sonst bleibt der Kaffee dünn. Rundfilter brauchen länger, sind aber für 1 bis 3 Tassen der geeignete Typ.
Wenn bei uns groß aufgekocht wird oder wenn meine Frau und ich unseren Nach-Tisch-Kaffee trinken, steht eine Maschine auf dem Tisch, eine gläserne Filterkanne, die den Namen »Chambord« schon seit siebzig, achtzig Jahren trägt. Ich sah sie zum ersten Mal in handlicher Zwei-Tassen-Größe im besten Lokal von Bordeaux, dem »Saint James«, wo man sie mir auf den Tisch stellte, damit ich mir meinen Kaffee in der Stärke genau dosieren konnte.
Es ist eine Glaskanne mit Griff, darauf ein silberglänzender Deckel, aus dem eine Stange mit einem Knopf ragt. In die Kanne gibt man mittelfein gemahlenen Kaffee, den man mit siedendem Wasser übergießt. Nach 5 bis 6 Minuten Ziehenlassen drückt man die Stange mit dem Knopf und damit auch einen feinen Metallfilter nach unten. Der Satz mit seinen Bitterstoffen wird auf den Boden gepreßt und festgehalten, der Kaffee kann ausgeschenkt werden. Diese alte französisch-schweizerische Patentmaschine (sie wird von der Firma »Melior« vertrieben) liefert den aromastärksten Kaffee, den ich mir vorstellen kann. Ihr besonderer Vorteil: Man kann die Stärke des Kaffees durch die Menge und den Zeitpunkt des Filterherunterdrückens genau dosieren. Ich nehme am liebsten eine Mischung aus besonders feinen Guatemala-, Costa-Rica- und Mexiko-Bohnen dafür: lauter Kaffeesorten mit feiner Säure der »Rasse« Arabica, die ihr Aroma am besten bei Filtermethoden entfaltet.
Für guten Kaffegeschmack ist sein Hauptbestandteil, das Wasser, von ausschlaggebender Bedeutung. Wasser soll immer frisch sein und nicht abgestanden. Wasser soll nicht „totgekocht" werden. Ausnahme: sehr hartes Wasser, das man etwas enthärten kann, indem man es 3 Minuten kochen läßt. Stark gechlortes Wasser kann durch eine nach dem Aufwallen zugegebene Prise Salz geschmacklich etwas gemildert werden. Sehr guten Kaffee kocht man mit stillem Quellwasser aus der Flasche: so machte man den Karlsbader Kaffee.
Milch kann im Kaffee flocken, auch wenn sie nicht sauer ist. Entweder liegt es am Wasser oder der Eigensäure des Kaffees. Außerdem kann der Kaffee zu heiß und die Milch zu kalt sein. Ob Milch besser ist als Sahne, ist Geschmackssache. Zwischen beiden gibt's die Kondensmilch.
Blonder Kaffee ist für schwache Mägen verträglicher, genauso wie Filterkaffee oder vorbehandelter »magenmilder« Kaffee.
Gebrühter Kaffee enthält mehr Säurestoffe und hemmt die Bildung von Magensäure.
Gebrannter Kaffee liebt gebrannte Wässer. Es passen Weinbrand und Cognac und Armagnac dazu. Wie alt und abgelagert, ist eine Frage des Geschmacks, des Geldbeutels und des Angebots.
Ich liebe Liköre wie den Grand Marnier, den Cointreau oder den Bénédictine, sowie die

Kirschwasser (das von Dettling ist mir das teuerste), die Birnengeiste oder den Apfelweingeist nach Calvadosart von Franz Keller aus Oberbergen in Baden. Köstlich ist auch ein Marc (Tresterschnaps von feinen Weinen), In-Digestif in In-Lokalen. Digestif nennt man die Schnäpse, die man zur besseren Verdauung hinterher trinkt.
Man kann Schnäpse auch in den Kaffee gießen und hat damit eine Menge neuer Rezepte.
Statt normalem Kaffee können Leute, die kein Koffein vertragen, in allen Fällen und Rezepten koffeinfreien Kaffee verwenden.

Daß man durch eine Tasse Kaffee am Schluß einer Party noch betrunkener werden kann, ist inzwischen bewiesen und bekannt. Wenn Sie also Ihren Gästen Kaffee servieren wollen, dann machen Sie es auf dem Höhepunkt der Party. Er macht die Gäste wieder frisch, ohne ihnen das Gefühl von Nüchternheit zu verleihen, das gerade beim Aufbruch so gefährlich ist.

Zum Schluß noch zwei Rezepte für den nächsten Tag, wenn man zuviel getrunken hat.

Antikater-Kaffee

1½ gehäufte Teel. Instant-Kaffee auf 1 Tasse heißes Wasser. Den Saft von 1 ganzen Zitrone dazu. Schmeckt scheußlich, hilft aber auch gegen Föhn.

Café Vanille

¼ l Milch mit ½ aufgeschlitzten Vanilleschote 5 Minuten kochen und braunen Zucker nach Geschmack hineingeben. Schote herausfischen und mit ¼ l starkem Kaffee mischen.

Drinks ohne Promille

Autofahrer sind auch Menschen. Sie haben Hunger und sie haben Durst. Diesen Durst dürfen sie nicht mit Alkohol löschen, wenn sie eingeladen sind. Alkohol am Steuer ist kein Kavaliersdelikt. Es gibt aber auch immer mehr Leute, die, aus welchen Gründen auch immer, keinen Alkohol trinken dürfen oder wollen. Deshalb ist es für jeden Gastgeber oberste Pflicht, Takt oder wie man es sonst nennen mag, niemanden zu alkoholischen Getränken zu animieren. Er sollte Alternativen bereithalten.
Da Mineralwasser manchmal als zu einfach empfunden wird (ein mit Hageleis gefülltes Glas plus 2 Limettenscheiben plus Mineralwasser ist ein toller Drink), Cola pur nicht jedermanns Geschmack ist und man Fruchtsäfte gerne gemischt trinkt, finden Sie hier eine Menge Rezepte, die ganz »ohne« sind und trotzdem das haben, was man von einem guten Drink erwartet. Außerdem sehen sie wie »Mit«-Drinks aus, denn nicht jeder will, daß sein Nachbar weiß, daß er »ohne« trinkt.

Kalte Malve (Bild Einband Rückseite)
Malventee im Beutel mit kochendem Wasser überbrühen und gut ½ Stunde ziehen lassen. Mit Zucker süßen, mit etwas Zitronensaft abschmekken und mit einigen gekochten Sauerkirschen garnieren. Trinkerseelen können 1 Schnapsglas (2 cl) Kirschwasser hineinkippen.

Zum zweiten gibt es ein Glas Apfelsaft. Aber nicht einfach so, sondern in drei Varianten:

Apfelsaft-Cobbler
In ein großes Glas zu einem Drittel kleingeschlagenes Eis geben. 1 Eßl. Zitronensaft mit 1 Teel. Vanillinzucker verrühren. Das Glas zu knapp zwei Dritteln mit klarem Apfelsaft auffüllen, den Zucker dazugeben, gut umrühren (Vorsicht, schäumt!) und mit einer Apfelscheibe garnieren.

Tomapfel
Zwei Drittel Tomatensaft und ein Drittel Apfelsaft (jetzt nehmen Sie naturtrüben) miteinander verrühren. Mit ganz wenig Muskat und gemahlenem Ingwer bestreuen. Kalt servieren.

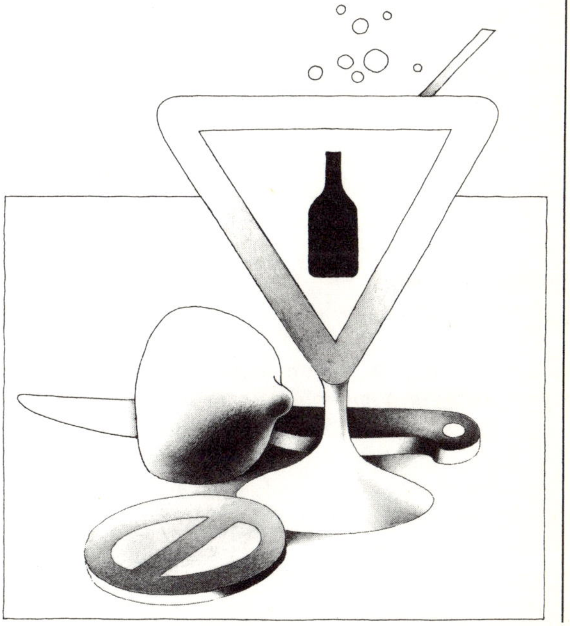

Drinks ohne Promille

Kräuterapfel
Naturtrüben Apfelsaft, kühl, aber nicht eiskalt, in hohe Gläser füllen und 1 dünne Orangenscheibe und 1 Salatgurkenscheibe hineingeben. Mit frischen Minzezweiglein, Zitronenmelisse oder Borretschbüschelchen aromatisieren. Soll mindestens 15 Minuten ziehen.

Grapefruit-Cocktail
Grapefruitsaft mit kleinen Stücken Fruchtfleisch vermischen, mit weißem Traubensaft verdünnen und nach Geschmack zuckern.

Grape Ginger Ale
4 Flaschen Ginger Ale mit ½ l Traubensaft und dem Saft von 1 Zitrone und 2 Orangen mischen. Die Gläser mit hauchfein geschnittenen Orangenscheiben garnieren. Nach Geschmack mit Zucker süßen. Nehmen Sie bei Drinks (das gilt auch für die alkoholische Bar) immer nur Zuckersirup (siehe Seite 20) zum Süßen.

Obst-Cobbler
Ein Stielglas zur Hälfte mit kleingeschlagenem Eis füllen; glätten. Darauf 1 Pfirsichhälfte mit der Kernhöhlung nach unten legen (frische Pfirsiche bitte abziehen) und mit Walderdbeeren oder tiefgekühlten Himbeeren belegen. Mit Sauerkirschsaft oder Kirschmost so übergießen, daß sich das Eis rot vollsaugt. Dann mit Apfelsaft vorsichtig auffüllen. Sieht attraktiv aus und schmeckt gut.

Zitronentee
Den Saft von 3 Zitronen mit 4 Eßl. Wasser verdünnen und im Eisfach zu Würfeln gefrieren lassen. 1 l kräftigen Pfefferminztee kochen und abkühlen lassen. Leicht zuckern. In Gläser gießen, die Zitroneneiswürfel hineingeben und mit frischen Minzeblättern garnieren.

Hausgemachte Pfefferminzlimonade
½ l sehr süßes Zuckerwasser kochend über 2 Beutel Pfefferminztee gießen. 5 Minuten ziehen lassen, abkühlen und in den Kühlschrank stellen. Mit reichlich frischem Zitronensaft vermischen und mit Mineralwasser aufgießen. Mit frischer Minze dekorieren.

Aprikosenbowle ohne
800 g möglichst aromatische Aprikosen schälen und in Schnitze schneiden. In ein Bowlengefäß geben und mit 150 g Zucker bestreuen. Mit ½ l Apfelsaft übergießen und zugedeckt 1 Stunde kalt stellen. Dann 2 l vorgekühlten Apfelsaft dazugeben und unmittelbar vor dem Servieren 1 Flasche eiskaltes Mineralwasser. Zusammen mit den Fruchtstückchen ausschenken.

Ein Klassiker ist der besonders durstlöschende

Eistee
1 l frisches Wasser in offenem Topf zum sprudelnden Sieden bringen. Vom Feuer nehmen und ⅓ Tasse Tee oder 15 Teebeutel dazugeben. Umrühren und ohne zuzudecken 5 Minuten ziehen lassen. Nochmals umrühren und in einen Krug

seihen, der schon 1 l kaltes Wasser enthält. Nicht in den Kühlschrank stellen, sondern auf Raumtemperatur abkühlen lassen. Dann über Eiswürfel in Gläser füllen. Zucker und Zitrone nach Belieben.
Der kalte Tee behält seinen Geschmack, seine Frische etwa 3 bis 4 Stunden. Wird er trübe, gießt man etwas heißes Wasser hinzu. Gut zum Eistee paßt auch ein Zweig oder ein Blatt frische Gartenminze.

Blitz-Eistee
Starken Tee brauen. Heiß in mit Eiswürfeln gefüllte Gläser gießen. Servieren.

Für Leute, die es nicht süß mögen:

Amerikanischer Tomatensaft
½ l Tomatensaft mit 3 Eßl. Tomatenketchup, dem Saft von ½ Zitrone und dem Saft von 1 ganzen Grapefruit mischen. Mit ein wenig Muskat und Pfeffer bestreut in vier kleinen Gläsern servieren.

Tomatensaft pikant
3 cl Sangrita picante mit 6 cl Tomatensaft mischen. Eiskalt oder temperiert servieren. Mit 1 Sträußchen Petersilie garnieren.

Tomatensaft mit Pfiff
8 deutsche oder sizilianische Tomaten in der Saftpresse entsaften. Mit 3 Eßl. Zitronensaft, 1 Prise Zucker, 2 Spritzern Worcestersauce, ½ Teel. Rosenpaprika, etwas Salz und 1 Teel. feinstgehacktem Ingwer verrühren. Auf jeweils 2 Eiswürfel in Gläser gießen und mit gehacktem Schnittlauch bestreuen.

Orangen-Tomaten-Trunk
¼ l Orangensaft mit ⅜ l Tomatensaft zusammengießen. Mit 1 Eßl. Zitronensaft, etwas Selleriesalz, 1 Spritzer Worcestersauce oder Herbadox, 2 Tropfen Tabascosauce und 1 Prise Zucker abschmecken. Auf Eiswürfel servieren.

Blutbilder
¼ l Rote-Bete-Saft mit ¼ l Orangensaft und ¼ l naturtrübem Apfelsaft zusammengießen. Mit feingehackter frischer Minze bestreut entweder auf Eiswürfeln oder aber leicht gekühlt servieren.

Variante: Statt mit Minzeblättern mit etwas feingemahlenem Zimt bestreuen.

Karottensaft für Autofahrer
⅛ l Karottensaft mit ⅛ l naturtrübem Apfelsaft verrühren. Mit dem Saft von ½ Zitrone und 1 Teel. Apfelessig abschmecken. Kühl servieren. Besonders empfehlenswert ist milchsaurer Karottenmost.

Der Wecker
In ein Glas Sangrita 1 frisches Eigelb geben. Auf das schwimmende Eigelb etwas gehackten Schnittlauch streuen. Ein guter Drink für den Morgen danach.

Russisches Feuer
4 cl Sauerkrautsaft mit 2 cl Sangrita picante verrühren. Nicht zu kalt servieren. Mit 1 Scheibe Salz-Dill-Gurke garnieren.

Auch alkoholfrei kann man Leib und Seele wärmen:

Glühwein für Autofahrer (Bild Einband Rückseite)
1 l roten Traubensaft in eine Kasserolle gießen. 150 g Honig, ½ Zimtstange, 3 Gewürznelken und die Schalen von ½ unbehandelten Zitrone und ½ Orange hinzufügen. Heiß werden lassen und vor dem Aufkochen in vorgewärmte Gläser seihen. Ergibt 8 Gläser à 630 Joule (150 Kalorien).

Glühwein ohne Wein
3 gehäufte Teel. Zitronentee in 1 Glas Wasser auflösen. 3 Eßl. Johannisbeersaft, 1 Nelke und 1 Stück Zimt dazugeben. Kurz durch und durch erwärmen. Nelke und Zimt herausnehmen. In einem Glas servieren.

Alkoholfreier Punsch
Den Inhalt von 1 Familienflasche Florida Boy bis kurz vor den Siedepunkt erhitzen. ½ Teel. Ingwerpulver dazugeben und mit einigen Tropfen Tabascosauce schärfen. Mit dünn geschnittenen Orangenscheiben garniert in Gläsern servieren.

Heißer Karamelpunsch
100 g Zucker in 1 Eßl. Butter Farbe annehmen lassen. Einige Eßl. heißes Wasser dazugeben, daß sich der Zucker unter Rühren auflösen kann. 1 l Milch mit 1 aufgeschlitzten Vanillestange aufkochen und zum gebräunten Zucker gießen. Mit 1 Prise Salz abschmecken. Einmal aufkochen lassen und in Tassen oder feuerfeste Gläser gießen. Auf jedes Glas eine Haube Schlagsahne setzen, die wir mit etwas Muskat bestäuben.

Apfelpunsch
⅛ l Wasser mit 75 g Zucker zum Kochen bringen und 3 je 5 cm lange Zimtstückchen dazugeben. 5 Minuten kochen lassen. Vom Feuer nehmen und ½ l Apfelsaft, ⅛ l Orangensaft, den Saft von 1 Zitrone und ⅛ l Wasser hineingießen. Warm, aber nicht heiß machen. Mit Zitronenscheibe servieren.

Richtige Experimente und völlig neue Drinks können wir mit den Fruchtsäften und Früchten machen, die erst seit einiger Zeit auf dem Markt sind: den Exoten.
Hier einige Beispiele:

Maracujatrunk
3 cl Maracuja- oder Passionsfruchtsaft mit 3 cl Pfirsichsaft und 1 Eßl. geschabtem Eis gründlich verrühren. 1 Spritzer Angostura-Bitter und ein paar Tropfen Zitronensaft dazugeben.

Brasilianer
4 cl Xuxudo (Saft des Cashewapfels, Frucht der Cashewnuß) mit 2 cl Orangensaft und 1 Teel. Zitronensaft verrühren. Mit 1 Scheibe Orange garnieren.

Amazonas (Bild Seite 44)
4 cl Mangosaft mit dem Saft von ½ Zitrone verrühren. 1 Spritzer Angostura-Bitter dazugeben und mit 1 Eiswürfel servieren. Mit 1 Zitronen- oder Limettenscheibe garnieren. Man kann auch ein paar frische Mangowürfel ins Glas geben.

Die exotischen Säfte werden von Donath auf den Markt gebracht. Aus Puerto Rico sind einige Dosen zu uns gekommen, die Cream of Coconut (Kokosnußschmelz mit Rohrzuckerzusatz), Banana Daiquiri (das Fruchtfleisch wilder Bananen mit Zitrone) und Pina Colada (ein fertiges, alkoholfreies Erfrischungsgetränk aus Ananas und Kokosnuß) enthalten. Diese Grundstoffe kann man mit Sodawasser verlängern, mit Milch mixen und auch – das gehört nicht in dieses Kapitel – mit puertorikanischem Rum alkoholisieren.

Hier ein alkoholfreies Beispiel:

Coco Pink Lopez
⅓ Dose Cream of Coconut mit 1 Dose voll Eiswürfel, ⅓ Dose Orangensaft und 1 Teel. schwarzem Johannisbeersirup im Mixbecher gut schütteln. In ein großes Glas zu je 2 Eiswürfeln abgießen. Die Maßeinheit ist eine Originalproduktdose von 35 cl.

So ganz von innen her warm macht dieser kalte Drink:

Sangrita mit Ananas
3 Eßl. Ananassaft, 2 Eßl. zerkleinerte Ananas und 1 Teel. Honig mit ⅛ l kalter Sangrita gut verrühren. In ein Glas füllen und 1 Teel. saure Sahne daraufsetzen.

Der Ingwerdrink
Von einer frischen Ingwerknolle 3 Scheiben abschneiden. Mit 2 Eßl. Zucker überstreuen und ⅛ l Wasser darübergießen. Zum Kochen bringen und leise köchelnd 20 Minuten ziehen lassen. Abgießen und die Essenz nach Geschmack mit warm gemachter Orangenlimonade oder mit Tee mischen.

Zum Schluß noch ein Cocktail mit Geschichte:

Pussyfoot
Pussyfoot Johnson war ein Prohibitionsagent, der Schnapslager und Brennereien mit dynamitgefüllten Eisenrohren, die er »Ananas« nannte, in die Luft jagte. Ihm zu Unehren wurde dieser alkoholfreie »Prohibitions-Cocktail« benannt.

Kleingehacktes Eis in einen Shaker geben, 2 cl Zitronensaft, 6 cl Ananassaft, 2 Teel. Grenadinesirup und 1 Eigelb dazu. Gut schütteln und in zwei Cocktailgläser seihen. Der gelbliche, leicht getrübte Drink mit dem rosa Schimmer ist völlig ungefährlich.

Vom richtigen Umgang mit Alkohol

Die Menge macht's, ob Alkohol ein Genußmittel oder ein Gift ist. Wer einen Cocktail trinkt oder zwei Gläser Wein, der schädigt nicht seine Gesundheit. Wer aber täglich ein Dutzend Cocktails trinkt oder zwei Flaschen Wein oder eine Flasche Schnaps, der wird mit Sicherheit seine Gesundheit ruinieren und vom Alkohol abhängig werden. Denn Alkohol kann süchtig machen, das ist seine große Gefahr.
Doch fragen wir zuerst einmal

Was ist Alkohol?
Da sind zunächst die wunderbaren Hefepilze. Wenn es sie nicht gäbe, hätten wir weder Brot zu essen noch Alkoholisches zu trinken. So muß denn der erste Bäcker nicht schlecht erschrocken sein, als er einmal einen Teig aus grob gemahlenen Körnern und Wasser stehen gelassen hatte. Als er wiederkam, hatte sich dieser Teig aufgebläht. War er lebendig geworden wie ein Tier? Dieser Bäcker muß am Ende der Stein- oder zu Beginn der Bronzezeit gelebt haben. Er war Zeuge geworden eines für die menschliche Ernährung sehr wichtigen Vorgangs: der Gärung durch Hefepilze. Als dann ein Mutigerer – nehmen wir an, daß der erste zu erschrocken war – oder Sparsamerer diesen »lebendigen« Teig buk, erhielt er etwas, das besser schmeckte und lockerer war als die bis dahin gebackenen harten Fladen vom Typ Ur-Knäcke.
Zur selben Zeit ließ ein anderer eine dünne Getreidesuppe stehen, die an der Oberfläche kleine Bläschen bekam. Wer sie trank, wurde angenehm erfrischt und ein klein wenig berauscht: Er hatte das erste Bier getrunken.
Mit den Fruchtsäften war es ähnlich. Irgendein Noah trank und wurde berauscht. So spalteten denn überall die Hefepilze Zucker in Alkohol und Kohlendioxid. Auch beim Brotbacken entsteht Alkohol, der allerdings durch die Hitze des Backens gleich verdampft: Brötchen machen nicht betrunken.
Chemisch ist Alkohol nichts anderes als ein bißchen Kohle, ein wenig Wasserstoffgas und etwas Sauerstoff. Die Formel für Alkohol, den wir trinken können, lautet C_2H_5OH, seine präzise Bezeichnung ist Äthylalkohol. Die Gärung, bei der der Alkohol entsteht, ist ein Abbauvorgang. Komplizierte chemische Gebilde wie Zuckermoleküle und Stärke werden auseinandergenommen und zu Alkohol vereinfacht (das ist die sehr simple Darstellung eines komplizierten Vorgangs). Beim Abbau entweicht das Kohlensäuregas – die Flüssigkeit »kocht« bei der Gärung – und der Alkoholgehalt steigt so lange, bis entweder aller Zucker abgebaut ist (je süßer die Traube, desto alkoholreicher der Wein, wenn man die Gärung vorher nicht stoppt) oder bis der Alkoholgehalt so hoch ist (etwa 17 bis 18 Prozent), daß er die Hefepilze abtötet. Wer also höherprozentigen Alkohol möchte, kann ihn nicht durch Gärung bekommen, sondern er muß dem Alkohol das Wasser entziehen. Da Alkohol schon bei 78,3 Grad C zu verdampfen beginnt, Wasser aber erst bei 100, ist das ganz einfach. Man muß den flüchtigen Alkohol auffangen und wieder verflüssigen: diesen Vorgang nennt man destillieren. Ich glaube, das genügt, um mit Verständnis Alkoholisches zu trinken.

Wieviel Alkohol verträgt der Mensch?

Wenn wir ein Glas an die Lippen setzen und die Flüssigkeit in den Mund gießen, schmecken wir den Geschmack des Getränkes und spüren gleichzeitig den Reiz, den der Alkohol auf unsere Schleimhäute ausübt. Dieser Reiz ist um so stärker, je höher der Alkoholgehalt des Getränks ist – er kann sogar kräftig brennen. Gleichzeitig werden die Speicheldrüsen und nach dem Schlucken die Magensekretion angeregt, am stärksten, wenn der Alkoholgehalt zwischen 20 und 40 Prozent liegt. Alle klassischen Aperitifs liegen innerhalb dieser Alkoholkonzentration und ein richtig gemixter Martini auch. Die Erweiterung der Blutgefäße im Magenbereich und damit die stärkere Durchblutung rufen ein angenehmes Gefühl der Wärme hervor.

Dann geht der Alkohol ins Blut. Und zwar unmittelbar und sofort. Er wird von Magen und Dünndarm aufgesogen und braucht nicht, wie andere Nahrung oder Getränke, erst verdaut zu werden. Deshalb sind auch die Alkohol-Joule/Kalorien, die in den Tabellen mit 29/7 pro Gramm Alkohol angegeben sind, nicht so zu zählen wie Fett- oder Kohlehydrat-Joule/Kalorien. Der Blutkreislauf transportiert den Alkohol schnell in alle Körperregionen: über das Venensystem in die rechte Herzkammer, über den Lungenkreislauf und mit dem Arterienblut in die linke Herzhälfte.

Diese Alkoholaufnahme wird beschleunigt, wenn man

- warmen Alkohol trinkt (Glühwein und Punsch wirken deshalb besonders schnell),
- Zucker in den Alkohol gibt und
- den Alkohol mit Kohlensäure mischt. Sekt enthält Kohlensäure und Zucker, und kein anderes Getränk geht so schnell ins Blut, ist so erregend wie Sekt. Deshalb steigt die Stimmung erheblich schneller, wenn man zu Beginn einer Party ein Glas Sekt oder Champagner anbietet als wenn man die Gäste mit einem hochprozentigen Opening Drink alkoholisiert. Vor allen Dingen erhöht der Sekt, obwohl er so schnell ins Blut geht, den Blutalkoholspiegel nur gering, weil er selbst nur geringe Alkoholprozente hat (12). Man trinkt mehr Sekt auf einmal als Schnaps, doch die Opening Drinks einer Party sind ja meist keine 2-Zentiliter-Stamperl, sondern mindestens ein 5-Zentiliter-Cocktailglas. Denken Sie auch an die Kohlensäure in Soda oder Tonic: ein Whisky-Soda wirkt schneller als ein Whisky-Wasser, ein Cocktail mit Sekt unmittelbarer als einer mit Saft.

Ist konzentrierter Alkohol schädlicher als verdünnter?

Es ist bei uns üblich geworden, zwischen »harten« und »weichen« Getränken zu unterscheiden. Im Gegensatz zur amerikanischen Einteilung, bei der unter »soft drinks« nur alkoholfreie Getränke verstanden werden, rechnet man in Deutschland zu den »weichen« Getränken Bier, Wein und andere Alkoholika, ausgenommen die Spirituosen. Inzwischen wurde die Verwirrung noch größer, als die Gruppe der »Soft-Spirituosen« auf den Markt gebracht wurde: Liköre auf Fruchtsaft-, Milch-, Schokolade-, Sahne- oder Eibasis sowie die Mischungen von Zitronensaft oder Apfelsaft mit Korn oder Whisky, die keinen höheren Alkoholgehalt als 20 bis 25 Prozent haben.

Dabei ist die Unterteilung wissenschaftlich unhaltbar. In einer Arbeit über »Alkoholgenuß und Alkoholmißbrauch« aus dem Jahre 1977 sagen die

Autoren Dr. Misch und Dr. Schrader unmißverständlich: »Alkohol ist gleich Alkohol. Aus medizinischer Sicht ist der Grad der Verdünnung eines Getränkes von untergeordneter Bedeutung. Entscheidend ist allein die Menge reinen Alkohols, die es enthält. Das Organ, das den mit einem Getränk aufgenommenen Alkohol zu verarbeiten hat, ist die Leber. In die Leber gelangt aber nicht das konsumierte Getränk. Es wird bereits in den Verdauungswegen in seine Bestandteile zerlegt . . . die voneinander getrennten Alkoholmoleküle gelangen über die Blutbahn in die Leber . . . Auch bei der Überflutung des Blutes spielt es keine Rolle, ob der Alkohol konzentriert oder verdünnt genossen wurde.«

Die Leber und der Alkohol

Die Leber ist die Entsorgungsanlage des Körpers, jenes »Labor«, in dem die im Körper entstehenden Gifte unschädlich gemacht werden. Alkohol ist für die Leber auch ein Gift, das sie abbauen muß und kann. Nur – die Entgiftungskapazität der Leber hat ihre Grenzen. Lange war umstritten, wie hoch sie beim Alkohol liegen. Nach den neuesten Forschungen wissen wir, daß die gesunde Leber eines Mannes pro 24-Stunden-Tag höchstens 80 Gramm Alkohol abbauen kann, ohne geschädigt zu werden. Frauen vertragen erheblich weniger, hier liegt die Leberkapazität bei 30 Gramm Alkohol. Wie schnell Leberschädigungen auftreten können, zeigten Testversuche, bei denen bei gesunden jungen Männern schon nach 3 Wochen eine Fettleber entstand, als man ihnen täglich 2 Liter Wein zu trinken gab – das sind 150 Gramm Alkohol. Eine Fettleber kann auch entstehen, wenn man ein Jahr lang täglich 60 Gramm Alkohol trinkt. Man sieht, die Regelmäßigkeit ist gefährlich. Im übrigen ist jede Fettleber rückbildungsfähig: man muß nur mit dem Trinken aufhören.

Frage für die Praxis:

Was sind 80 Gramm Alkohol?

Wer eine Halbe Bier trinkt, nimmt knapp 15 Gramm Alkohol zu sich. Wer eine Flasche deutschen Weißwein (10 Prozent Alkoholgehalt) trinkt, nimmt gut 55 Gramm Alkohol zu sich. Bei einer Flasche französischem Rotwein (14 Prozent Alkoholgehalt) sind es schon fast die möglichen 80 Gramm. Ein doppelter Whisky (43 Prozent Alkohol) enthält 14 Gramm Alkohol, ein Martini Dry von 6 Zentilitern etwa 18 bis 20 Gramm.

Dieses als Anhaltswerte, die Sie bitte nicht benutzen sollten, um immer hart an der Grenze des Erlaubten zu bleiben.

So bleiben Sie gesund und unabhängig vom Alkohol

Trinken Sie nicht regelmäßig. Einmal über den Durst getrunken, ist besser als viele Male knapp unter dieser Grenze geblieben.

Essen Sie eiweißreich. Eine kohlenhydrat- und fettreiche, gleichzeitig eiweißarme Ernährung ist in Kombination mit reichlich Alkohol und körperlich träger Lebensweise eine gesundheitliche Zeitbombe. Man soll zwar nie »Nie« sagen, aber man soll:

- Nie trinken, wenn man glaubt, man hätte es nötig zu trinken.
- Nie schnell trinken, um schnell in Stimmung zu kommen.

- Nie auf nüchternen Magen trinken.
- Nie auf ein Signal hin trinken. Signale sind: Müdigkeit, Langeweile, Ärger, Aufregung, Sorgen. Aber auch Mittagessen, Nachrichten, Schlafengehen.
- Nie trinken, wenn man sich körperlich oder seelisch unwohl fühlt.
- Nie trinken, um damit seinen Kater zu bekämpfen. Denn das kann der Anfang vom Suff sein.

Aus gutem Grund eine gute Grundlage

Es ist eine alte Trinkerweisheit, die jeder von uns schon am eigenen Leibe erfahren hat, daß Fette wie Öl, Speck, Butter oder Sahne sowie Käse und die Eiweißstoffe im Fleisch die Alkoholaufnahme in unserem Körper verlangsamen. Auf nüchternen Magen wirkt ein Schnaps schlagartig, nach einem reichhaltigen Abendessen langsamer. Alkohol hat zu Fett eine besondere Beziehung: sie absorbieren sich. Das ist gut, wenn wir das Fett im Magen haben, und schlecht, wenn es um die Fette des Nervensystems geht, dann werden wir betrunken.

Dieser Erfahrungssatz ist immer wieder bezweifelt worden. Das veranlaßte den Wiener Professor Dr. Ludwig Prokop, den »vollen Bauch« zu untersuchen. Er konnte folgendes verkünden, das wir uns alle gut merken sollten:

- Je besser die Grundlage vorher, desto geringer der Promillegehalt des Blutes hinterher.
- Schnaps auf nüchternen Magen ist überaus gefährlich. Schnell, schneller als sonst, ist ein Promille erreicht, und der noch nicht gestärkte Körper braucht mehrere Stunden, um den Alkohol wieder zu vertreiben.
- Die beste Alkoholbremse ist eine Mahlzeit von rund 4200 Joule (1000 Kalorien). Das ist eine deftige Hauptmahlzeit oder eine spezielle fett- und eiweißreiche Kombination wie ein 250-Gramm-Rumpsteak mit Fettrand plus 1 Spiegelei und 25 Gramm Kräuterbutter oder 1 Dose Ölsardinen mit ihrem Öl und dazu 2 Scheiben Brot. Nimmt man dieses Essen eine Viertelstunde vor Trinkbeginn zu sich, dann schluckt es 56 Prozent des Alkohols. Man kann also doppelt soviel trinken, wie wenn man nichts gegessen hat.
- Dieselbe Mahlzeit, eine halbe Stunde vor dem Trinken gegessen, schluckt nur noch ein Viertel des Alkohols. 3 Stunden vorher zu sich genommen, hat sie überhaupt keine Wirkung auf den Alkohol: Es ist so, als wenn man nüchtern wäre. Wer um sieben zu Abend ißt, dann ins Kino geht und danach trinkt, muß sehr vorsichtig sein. Auch wenn kein Hungergefühl vorhanden ist, der Alkohol wirkt so, als hätte man nichts zu Abend gegessen.
- Ein Imbiß von 1700 Joule (400 Kalorien), das ist ein gut belegtes Stück Brot oder ein Steak mit einer Scheibe Brot, läßt den Alkohol zu 82 Prozent wirksam werden. So hat es schon seinen Sinn, einige Cocktailbissen wie Nüsse, Pommes Chips, Sardellen, Oliven oder Salzgebäck vor dem Trinken und während des Trinkens zu essen. Man hält damit die Promille niedriger. Anmerkung von mir: Während einer joule-(kalorien-)reduzierten Phase werden Sie schneller fahruntüchtig und betrunken. Auch daran muß man denken.
- Essen während des Trinkens ist gut (es hilft unter anderem den Kater zu verhüten), aber nicht so wirksam wie 15 Minuten vorher. Wer seine 4200 Joule (1000 Kalorien) zu sich nimmt und dabei schon trinkt, bremst seinen Promillegehalt nur um 44 Prozent.

• Wenig Sinn hat es, zu trinken und dann erst zu essen. Das ist fast genauso wie wenn man nüchtern trinken würde.
Schlußfolgerung: Ein vernünftiger Mensch sollte vor Partybeginn kräftig essen. Bieten Sie deshalb Ihren Gästen immer zuerst was zu essen an, bevor diese zum gemütlichen Teil übergehen.
Anmerkung zum Thema Kaffee: Hier wies Professor Prokop nach, daß der Kaffee danach den Führerschein nicht rettet. Der Kaffee zum Partyschluß treibt den Alkoholgehalt des Blutes – im Gegensatz zur landläufigen Meinung – sogar noch in die Höhe! Sehen Sie sich diese Tabelle an. Die Versuchspersonen hatten

	ohne Kaffee	mit Kaffee
nach 90 Minuten	0,71 Promille	0,83 Promille
nach 135 Minuten	0,84 Promille	0,93 Promille
nach 180 Minuten	0,60 Promille	0,81 Promille

Wir entnehmen daraus, daß man 2 Stunden nach dem letzten Schluck betrunkener ist als 1½ Stunden danach, daß der Körper nach 3 Stunden beginnt, den Alkohol abzubauen, daß man nach dem Kaffeetrinken betrunkener ist als ohne Kaffee und daß die Trunkenheit länger anhält. Das Gefährlichste aber ist, daß einem der Kaffee Nüchternheit vortäuscht. Professor Prokop hat damit auch bewiesen, daß es einen Unterschied zwischen vermeintlichem und tatsächlichem Befinden gibt. Warum allerdings Kaffee den Alkohol im Blut konserviert und seine Rauschwirkung verstärkt, weiß man noch nicht.

Krankengeschichte vom Katzenjammer
Goethe kannte ihn. So dichtete er: »Welch ein Zustand! Herr, so späte schleichst du heut aus deiner Kammer. Perser nennen's Bidamag buden, Deutsche sagen Katzenjammer!« (Westöstlicher Diwan)
Ein echter, rechter Katzenjammer oder Kater hat zwei Gründe, nämlich körperliche und seelische Disharmonie. Pathetisch ausgedrückt ist Kater eine Krankheit des Leibes und der Seele. Wobei der Katzenjammer ein sprachlich verfeinerter Kotzenjammer ist.
Es gibt die verschiedensten Varianten dieses Zustandes, bei dem sich unser Körper in völliger Disharmonie befindet und unser Gehirn und Nervensystem lahmgelegt und seiner Kontrollfunktionen beraubt ist. Es ist ein Zustand der Erschöpfung, der Übermüdung und der Überanstrengung und Vergiftung fast aller Organe.
Ich glaube nicht an einen speziellen Rheinwein-, Burgunder-, Gin- oder Bockbierkater. Wobei der Champagner sich rühmt (belegt durch medizinische Gutachten), katerfrei zu sein. Ich habe es in der Champagne einige Male erfolgreich ausprobiert.
Es gibt viele Katererscheinungen. Das unsichere Eben-über-dem-Boden-Schweben gehört hierher genauso wie das surreale Empfinden des großen hohlen Kopfes, durch den kleine Wolken ziehen. Das ekelhafte Karussellgefühl und das Gefühl, mit dem Rücken zu einem Abgrund zu stehen oder auch nur die abscheuliche Samtzunge in einem aufgequollenen, staubtrockenen Mund. Gegen dieses alles hilft eigentlich nur die Zeit. Wenn es Ihnen gelingt, den Kater zu verschlafen – stellen Sie sich ausreichend Flüssigkeit ans Bett, denn Sie haben großen Durst, obwohl Sie

zuviel getrunken haben –, dann können Sie sich glücklich preisen.
Andere halten das für ganz falsch. Nur nicht im Bett bleiben, meinen sie, spazierengehen, frische Luft schöpfen, unter die Dusche stellen, den Feind in sich bekriegen. Auf diese Methode schwören sie. Dann gibt es noch die Schwimmer und Saunafans: Sie müssen aber einen guten Kreislauf haben!
Man hat an einer Universität den Versuch gemacht: Männer mußten sich in abgeschlossenen Räumen einzeln betrinken. Sie wurden müde und durstig wach, hatten aber keinen Kater, denn ihnen fehlte das Angst- oder Schuldgefühl. Der Katzenjammer ist, neben aller körperlichen Überanstrengung, eine vornehmlich psychische Angelegenheit. Deshalb sollte man sich nie aus Kummer besaufen, der Kater wird um so fürchterlicher sein.
Alkohol und Rauchen aber strengen den Körper sehr an. Das merken wir am anderen Tag durch übermäßiges Herzklopfen und leichtes Händezittern, wenn wir es gar zu arg getrieben haben. Deshalb sollte man sich nie schon müde zum Trinken hinsetzen, auch dann wird der Kater stärker sein als sonst.
Physisch gesehen, ist der Kater eine Verstimmung des Körperhaushalts, eine Verschiebung des chemischen Gleichgewichts. Deshalb raten die Ärzte auch, am nächsten Tag viel Mineralwasser zu trinken. Das bekämpft den Brand, schwemmt den Körper durch und entgiftet ihn. Hat man Verlangen nach Saurem, so esse man ruhig den traditionellen Rollmops, rohes Sauerkraut oder Appetit-Sild. Dadurch wird das Kochsalzdepot des Körpers wieder aufgefüllt. Der Brand bei einem Kater entsteht dadurch, daß der Körper (chemisch gesehen) ausgetrocknet ist. Die Alkoholzufuhr hat die Zellen veranlaßt, wie beim Schwitzen Wasser abzugeben. Das erzeugt Durst, auch wenn dem Körper mehr Flüssigkeit als sonst zugeführt wurde.
Und was macht man gegen Kater, außer dem besten Rat, nicht soviel zu trinken?
Monsieur Didier, Gründer und Chef-Esser des »Guide Kléber« sagt, daß Aspirin zwar gut für den Kopf, aber schlecht für den Magen sei. Er schwört auf einen Spaziergang und eine gute Verdauung. Die gibt alle Gifte wieder ab.
Weitere Möglichkeiten, die jeder ausprobieren muß:

- ein Butterbrot mit Salz und eine Tasse Kaffee,
- eine Tasse Kaffee mit dem Saft einer Zitrone (schmeckt übrigens scheußlich),
- ein Teller Haferschleimsuppe mit Salz und danach ein Weißbier,
- ein Weißbier allein (auch wenn es gegen den Grundsatz verstößt, Alkoholfolgen nicht mit Alkohol zu bekämpfen),
- jede Menge Mineralwasser,
- jede Menge Milch, wenn man mag,
- rohes Sauerkraut oder Sauerkrautsaft,
- ein großes Glas Mineralwasser mit einem Underberg oder einem Gläschen Fernet Branca gemischt,
- kalter gesalzener Gurkensaft aus dem Reformhaus,
- ein Eigelb, mit kalter Sangrita und Salz verquirlt, mit etwas Angostura verbittert (alkoholfreie Rapid-Prärie-Auster).

Und wenn das alles nicht hilft, dann machen Sie es so wie ich: Nehmen Sie den Kater als eine unvermeidliche Folge auf einen alkoholischen Exzeß. Als die Bitternis, die manch Schönem folgt.

Steckbriefe der Getränke

Die stillen, lauten, süßen und bitteren Wasser

Der Markt der Getränke wird in drei große Bassins eingeteilt, nämlich in
- die alkoholischen Getränke, wie Bier, Schnaps und Wein;
- die Hausgetränke, wie Kaffee, Tee und Milch;
- die alkoholfreien Getränke, wie Limonaden, Mineralwasser, Fruchtsäfte und Fruchtsaftgetränke.

Die Limonaden unterteilen sich in Limonaden aus natürlichen Fruchtauszügen (Orange, Zitrone); Limonaden mit Coffein (Cola); Limonaden mit Chinin (Bittere oder Tonics, auch Ginger Ale); und Brausen (Limonaden mit künstlichen Geschmacksessenzen).
Die Mineralwasser unterteilt man in perlende »laute« und kohlensäurehaltige Wasser; und in kohlensäurefreie »stille« Wasser, die alle den Titel »Mineralbrunnen« tragen und geschmacklich und in ihrer Zusammensetzung sehr verschieden sind. Dazu gibt es noch die künstlichen Mineralwasser, die rein zur Erfrischung dienen, wie kohlensaures Wasser, Selters, Sodawasser, denen man sogar Mineralstoffe zusetzt und die man durch Kohlensäurezufuhr sprudelnd macht.
Fruchtsäfte sind flüssige Früchte in der Flasche, ohne Konservierungsmittel, ohne Farbstoffe und ohne verdünnenden Wasserzusatz. Sie können klar, trüb oder fruchtfleischhaltig sein. Sind sie mit Zucker versetzt, nennt man sie auch Süßmost. Klare Säfte von Äpfeln, Trauben, Orangen oder Grapefruits schmecken am besten kalt (8 Grad C), naturtrübe Säfte entfalten ihren vollen Geschmack meist bei Zimmertemperatur.
Fruchtsaftgetränke sind Mischungen von Fruchtsaft, Zucker und Wasser, wobei der Fruchtsaftanteil vom Gesetzgeber vorgeschrieben ist. Am wenigsten enthalten Zitrusgetränke (6 Prozent). Hier sind Konservierungsstoffe gestattet, Farbstoffe aber nicht. Es gibt Fruchtsaftgetränke mit oder ohne Kohlensäure als Konzentrate, die man selber mit Wasser verdünnt. Sogenannte Nektare sind auch Fruchtsaftgetränke. Ihr Fruchtanteil beträgt zwischen 40 und 50 Prozent, ist also nicht so hoch wie bei reinen Fruchtsäften, trotzdem wirken sie dickflüssiger und damit »fruchthaltiger«.

Anmerkung zu Mineralwasser: Die Feintrinker entdecken die Mineralwasser. Nachdem der Verbrauch in den letzten Jahren stark zugenommen hat und zu jedem guten Essen als Neutralisator Wasser gehört, wurde erstmals im Mai 1986 in »Die Ente vom Lehel« in Wiesbaden mit 49 Wassern ein Geschmackstest veranstaltet. Bewertet wurde nach mineralisch – salzig – sauer – bitter – hart. Sieger waren deutsche Brunnen wie Harzer Grauhof Brunnen oder Neuselters Mineralquelle oder Adelholzener.
Ich verwende zu Drinks nur Mineralwasser: Es rundet ab wie die kleine Prise Salz am Dessert. Berühmte Wasser sind Perrier, San Pellegrino, Apollinaris, Fachinger, Spa.

Dieses Kapitel soll Ihnen helfen, Ihr Wissen um das Trinken zu vervollkommnen. Wie es bei Steckbriefen üblich ist, sind sie knapp gehalten. Beginnen wir mit den Getränken, die vor dem Essen kommen und die den Sammelnamen Aperitifs tragen.

Aperitif – macht Appetit

Ein Aperitif ist die freundliche Aufforderung an den Magen, sich für das kommende Essen zu öffnen. Das ursprüngliche (lateinische) Wort ist aperire und das heißt »öffnen«. Mit seiner milden Alkoholdusche schafft er im Magen eine freundliche Stimmung für das Essen, und in den Aperitifs mit Bitterstoffen wird der alte Volksmund gerechtfertigt, der da sagt: »Bitter für den Mund, für Herz und Magen gesund.«

Der Aperitif ist keine Erfindung des hohen Nordens, wo man sich mit klaren Wassern den Magen wärmt – er ist im Süden zu Hause, längs der Boulevards, der Vias, dort also, wo man häufig im Freien sitzen und trinken kann. Hier nimmt man die dafür erfundenen Getränke, Weinelixiere mit Beimischungen von Bitteren oder Chinawein (der nicht aus Maos Reich kommt, sondern Chinarinde – Chinin – enthält) oder aber die mit Anisgeschmack. Sie hatten früher einen sündigen Ruf, die verteufelten Absinthe; heute sind sie unter dem Namen Pernod (Fenchel als Zusatzgewürz) und Ricard (Lakritze als Zusatz) erfrischende Apéritifs anisés.
Der klassische Appetizer der Engländer ist der Sherry. Nehmen Sie nur einen trockenen, wie zum Beispiel den Dry Sack. Das Wort Sack hat übrigens nichts mit dem Sack zu tun, in dem die Flasche eingebunden ist, sondern es ist die englische Verballhornung des spanischen secco (trokken). Sack war jahrhundertelang die englische Bezeichnung für Sherry überhaupt. Und da er der einzige Wein ist, der sich auch offen lange hält, eroberte er sich einen festen Platz bei den sparsamen Engländern. Er wird kühl im Südweinglas oder Sherryglas (das wie eine kleine Pilsner Tulpe aussieht) serviert. Man trinkt ihn in nicht zu kleinen Schlückchen, sonst schmeckt man zuwenig, und faßt, so will es die Sherry-Etikette, das Sherryglas am Fuß an. Damen und ältere Herren dürfen auch den Stiel nehmen.
Für herbe Gemüter darf man in den Sherry 1 oder 2 Tropfen Angostura-Bitter oder Orange-Bitter geben.
Ein trockener Portwein kann auch als Aperitif angeboten werden. Man nimmt einen weißen, der immer trocken ist. Die extra trockenen sind mit »Dry White Aperitif« oder zum Beispiel »Extra Dry White« bezeichnet. Es gibt aber auch »Tawny« und »Light Tawny«, die nicht süß sind.
Ansonsten ist der Portwein ein Digestif, ein Verdauungsgetränk nach dem Essen. Kommt von digérer, wie die klassische französische Küche diesen Vorgang nennt. Neben den süßen Portweinen, besonders den Vintage-Ports (sie bestehen aus Weinen eines Jahrgangs, was beim Portwein sonst nicht üblich ist, und wenn dieser Jahrgang besonders gut war, erreichen sie ihre beste Qualität etwa nach 30 Jahren), sind es die Weine der Insel Madeira. Und zwar auch die süßeren wie der Malvasier und der Boal. Sie können hundert Jahre und älter sein. Sercial und Verdelho, die trockeneren, eignen sich auch als Aperitif. Sie schmekken viel besser, wenn man sie eine halbe Stunde vor dem Trinken gut kühlt. In einem großen Glas entwickelt sich ihr volles Bukett am besten.
Weitere Digestifs sind Weinbrände und Obstbrände, oder aber feine und hochprozentige Liköre der herben (Orange) und Kräuterrichtung.

Steckbriefe der Getränke

Doch zurück zu den Apéros, von denen der bekannteste der Wermut ist.
Der Kräuterwein mit dem typischen Wermutgeschmack erhielt 1786 von Antonio Bernardino Carpano seinen Namen »Vermouth«, der sich die Welt eroberte. Die Firma Carpano gibt es heute noch, und ihr Punt e Mes ist einer der bekanntesten bitteren Vermouths (Vermouth darf sich jeder ausländische Wermutwein schreiben). Da die größten und ältesten Firmen in Turin sitzen, ist der Vermouth di Torino zum Begriff geworden.
Wir unterscheiden Wermut Weiß (Bianco), die süßeste Sorte; Rot (Rosso), herb-süß und aromatisch; Dry (Secco), trocken und herb, hellfarben, vor allem für Cocktails; und Bitter (Amaro), mit Zusatz von Chinarinde, Geschmack fein-bitter.
Wir trinken den Wermut im Südweinglas kalt und pur, im Becherglas on the rocks, wobei das Glas zu zwei Dritteln mit Eiswürfeln gefüllt ist, über die wir einen kräftigen Schuß Wermut geben; oder mit Soda, im Verhältnis ⅓ Wermut zu ⅔ Soda, dazu nach Geschmack 1 Scheibe Zitrone. Zum Aperitif trinken wir nie den weißen Wermut, der zum Knabbergebäck am Nachmittag gehört.
Noch bitterer ist der Campari, Italiens beliebtester Aperitif, aus Kräutern, Alkohol und destilliertem Wasser, wobei auch die blutrote Farbe natürlichen Ursprungs ist. Man kann ihn pur trinken, nur auf Eis – am häufigsten verlängert man ihn allerdings mit Soda, neuerdings auch mit Orangensaft.
Zu den Bitter-Aperitifs gehören noch der genauso bittere rote Cinzano Bitter, der Bitter Branca und der nicht so bittere Cynar. Dieser ist aus Artischocken hergestellt und wird statt mit Zitronen- mit Orangenscheiben serviert. Man trinkt ihn pur (als Magenschüttler und Leberstützer), halb und halb mit Soda (als Magenöffner) oder mit viel Soda (als Magenfüller). Auch der Amer Picon ist nicht ganz so herb wie der Name sagt, man süßt ihn gerne mit Grenadinesirup-Tropfen. Sein milder Vetter, der Picon d'Or Blanc, ist ein sanftes Vortischgetränk ohne Bitterzusatz.
In die leicht bittere Abteilung möchte ich noch den Byrrh, den Dubonnet, den Rhaphaël und Martinazzi zählen. Auch der Suze gehört hierher, dessen eigenartiger Geschmack von den frischen Enzianwurzeln stammt, mit denen er hergestellt wird. Man trinkt ihn mit Sodawasser und einem fingerlangen Stück Zitronenschale. Der Vabé dagegen ist milde, eine Art Süßwein, den man »on the rocks« mit Orangenschale trinkt.
Sie können es sich natürlich auch ein wenig komplizierter machen. Also nicht pur oder nur mit Soda trinken, sondern sich ihre Aperitifs mixen. So wie in einer guten Bar.

Americano

½ Campari, ½ Cinzano Rosso. Im Glas mit 1 Eiswürfel und 1 Zitronenspalte verrühren. Mit Soda nach Geschmack auffüllen. Eis wieder herausnehmen. In großem Glas servieren.

Animation

⅓ Cynar, ½ Stock Vermouth Rosso, ⅙ Orangensaft. Im Shaker mit kleingehacktem Eis schütteln, in kleines Becherglas abgießen und mit 1 Orangenscheibe servieren.

Submarine

¼ Dubonnet, ¼ Martini Dry, ½ Gin. Mit 1 Tropfen Angostura-Bitter und Eis in einem Glas rühren und abseihen. Vielleicht spielen Sie dazu die Beatles-Platte »Yellow Submarine«.

Tundra
½ Suze und je ¼ Brombeer- und Johannisbeersaft mit Eis sehr kalt schütteln. Abseihen in ein großes Glas und mit Soda nach Geschmack verlängern.

Mezz e Mezz
½ Gancia Vermouth Bianco, ½ Grapefruitsaft, 1 Schuß Campari. Mit Eisstückchen im Shaker schütteln, abseihen und im Cocktailglas servieren. Als Gag eine Haselnuß (geschält, sonst ist der Gag zu groß) hineingeben.

Affe im Winter
In ein Pilsner-Glas 2 cl Amer Picon gießen und mit Pilsner Urquell auffüllen. Ein typischer Männer-Aperitif.

Andalusier
¼ Dry Sack Sherry, ¾ Orangensaft. Im Shaker mit viel Eis so lange schütteln, bis der Shaker von außen beschlägt, und in ein Becherglas abgießen.

Siehe auch die Aperitifs der »Nouvelle Cuisine« auf Seite 62 f.

Portraits in Schnaps

Hier stelle ich Ihnen die wichtigsten Schnapsgruppen vor und dazu das, was ein gründlicher Trinker und guter Gastgeber von ihnen wissen muß. Die Reihenfolge ihrer Aufzählung ist weder willkürlich noch eine Wertung: sie ist streng alphabetisch.

Bourbon: der Vetter aus Amerika
Er schreibt sich mit »e« – Whiskey – und ist der meistgetrunkene in der ganzen Welt. Sein Geschmack ist ein wenig süßlicher, markanter als der des Scotch und seinem Geruch nach könnte man ihn fast als herbes Herrenparfum benutzen. Der Rauchgeschmack fehlt. Auch hier gilt wie beim Scotch: Je länger die Lagerzeit, desto dunkler, weicher und aromatischer ist der Bourbon. Wie lange er gelagert wurde, steht oft auf dem Etikett. Das Wort »Straight« bedeutet »reiner, unvermischter Bourbon«, und findet man noch irgendwo die Bezeichnung »Sour Mash«, dann weiß der Kenner, daß es Whiskey mit ausgeprägtem Aroma ist.

Wie trinkt man Bourbon?
Entweder auf Eis (on the rocks) oder mit Wasser. Bourbon ist ideal geeignet für Longdrinks, da sein Aroma auch verdünnt noch kräftig ist. Trinken Sie Bourbon jedoch nie mit Soda (Ausnahme: Ginger Ale), denn die Kohlensäure schäumt zu sehr. Für alle Schnäpse gilt: Nachgeschmack ist nie ein Zeichen von Güte.

Steckbriefe der Getränke

Cognac und Weinbrand: die Brüder aus der Traube

Cognac und Weinbrand haben denselben Vater, den Wein. Sie haben aber verschiedene Geburtsorte. Und sie unterscheiden sich im Geschmack so, wie sich Brüder in ihrem Wesen unterscheiden können (wobei wir bei diesen beiden Brüdern eine angenehme Ausgeglichenheit voraussetzen). So zeichnet sich der Cognac durch ein sehr feines und intensives Aroma aus, er ist von raffiniertem Geschmack (Laien sprechen manchmal von »seifig«), und er hat ein üppiges Bouquet. Er ist französisch durch und durch. Der Weinbrand mit seinem milden, weinigen und vollen Geschmack ist auch mit seinem Duft auf deutsche Nasen und Zungen abgestimmt. Er ist mehr ein Ganztagsgetränk, während der Cognac zum Kaffee nach dem Essen paßt.
Einen von beiden als besser zu bezeichnen, wäre ebenso töricht, wie bayerisches Bier mit Dortmunder vergleichen zu wollen. Man kann nur den Geschmack entscheiden lassen, denn deutsche Spitzenweinbrände und Cognacs kosten heute gleich viel.

Der kleine Unterschied

Cognac kann nur aus der Charente mit der Stadt Cognac stammen, einem relativ kleinen Gebiet in Westfrankreich. Von dort beziehen auch die deutschen Spitzenweinbrand-Hersteller ihre Rohdestillate. Sie dürfen das Produkt seit dem Versailler Vertrag nicht mehr Cognac nennen (Herr Asbach tat es schon vorher nicht), obwohl der Herstellungsprozeß sehr ähnlich ist. Die Cognac-Hersteller in der Charente müssen die althergebrachten Apparaturen verwenden (so streng sind dort die Bräuche), während bei uns »modern« gearbeitet werden darf. Deshalb schmeckt Weinbrand anders als Cognac. (Böse Zungen sagen: Er seift nicht.) Die Altersabkürzungen werden von den Franzosen noch recht genau genommen: VSOP bürgt für mindestens vier Jahre Lagerzeit, während die deutsche Bezeichnung »uralt« nur ein Jahr zu bedeuten braucht.

Wie trinkt man sie?

Der bauchige Schwenker hat – wie das Getränk – Zimmertemperatur. Man gießt ein, etwa 3 cl, und läßt, den Glasstiel zwischen Mittel- und Ringfinger geklemmt, den Cognac im Glas in der warmen Handfläche kreisen. Er gibt – sich erwärmend – seine Blume preis. Nicht kippen – kauen! Es ist wie beim Wein: Im Mund müssen Cognac und Weinbrand noch mit Sauerstoff in Berührung kommen, deshalb darf man beide schlürfen.

Gin: Wacholders Wachtparade

Ein Werbeslogan aus der Zeit unserer Uropas hieß: »Gin bringt dem schmerzenden Körper Erleichterung, läßt schüchterne Jungfrauen ihren Kummer vergessen, bringt Schweigsame zum Sprechen, alte Frauen zum Schimpfen und junge Mädchen zu anderem!«
Vor der Whisky-Ära war nämlich die englische Insel von einer Gin-Woge überschwemmt worden, die von Holland (Heimat des Wacholderschnapses, dort »Genever« genannt, das die Briten zu »Gin« verballhornten) herüberkam.
Der nächste Gin-Triumph war das US-Cocktailzeitalter, denn er läßt sich ungemein gut mixen. Heute wird er in Amerika unter der Bezeichnung »Martini« Tag für Tag in riesigen Mengen getrunken.

Wie trinkt man Gin?
Wir können Gin nach seiner Herkunft und seiner Würze unterscheiden. Der ideale Mix-Gin ist der englische Dry Gin. Er hat den schwächsten Wacholdergeschmack.
Der holländische Genever eignet sich gar nicht zum Mixen: Er ist ein Getreideschnaps (auch vom Geschmack her) mit einem Wacholder-Echo. Man trinkt ihn, wie alle aus dieser Familie, kalt. Sein Steinkrug hält die Kälte gut, und bei perfektem Service ist auch noch das Glas vorgekühlt. Gekippt wird nicht, sondern bedächtig geschluckt, denn man will ihn ja schmecken. Unter den deutschen Wacholdern ist der Steinhäger der bekannteste. Sie haben alle einen kräftigen, klaren Wacholdergeschmack; deshalb benutzen Sie sie nicht als Ginersatz zum Mixen. Es wäre schade um dieses handfeste Getränk, das ein Essen abschließt, sich zum Bier gesellt und zu Schinken und Pumpernickel als Muß dazugehört.
Eine Sonderstellung in dieser Familie hat der Doornkaat. Er wird als ostfriesische Spezialität aus Weizen und Darrmalz gebrannt und nach längerer Lagerung über frischen Wacholderbeeren destilliert. Sie merken es am leichten Wacholderaroma.

Korn und Kümmel: ein klarer Fall
Deutschland ist die Hochburg und Heimat der klaren Kornbranntweine, die, neben einigen berühmten überregionalen Marken, in vielen örtlichen Brennereien hergestellt werden. Niemand sollte auf diese Brände, die immer und ohne Beimischung aus Getreide gebrannt werden, geringschätzig herabsehen. Werden doch jährlich in Deutschland rund 90 Millionen Flaschen Korn geleert. Ein Korn ist klar, aber er ist kein Klarer.
Ein Klarer ist ein aus Feinsprit hergestellter Schnaps, eine Art deutscher Wodka. Aber auch hier gibt es Varianten. So ist der Zinn 40 ein Klarer aus Wein, der Schüttboden Privat ein Klarer mit Kümmelanklang. Der Bommerlunder ist ebenfalls ein Klarer der Aquavit-Familie, der mit Anis, Kümmel, Fenchel, Koriander und noch 23 Gewürzen abgerundet ist. Ein Original-»Akvavit« ist ein ähnlich gewürzter Korn.
Deutschlands bekanntester reiner Kümmel – in Dr. Gilkas eckiger Flasche – ist überall ein Begriff.

Wie trinkt man Korn und Klare?
Die ganze Familie Korn und Klare liebt die Kälte. Wie kalt man die einzelnen Sorten trinkt, ist Geschmacks- und Magensache. Die Dänen kühlen ihren Aquavit, obwohl er aus Korn gebrannt wird, bis auf minus 15 Grad C ab. Wir lassen die Temperatur bei Körnern einige Grade über Null, um mehr zu schmecken. Die Klaren und auch die nach Kümmel und Anis schmeckenden dürfen kälter sein, da dieses Aroma auch bei Minusgraden noch durchschlägt.
Korn und Klare sind keine Mix-Schnäpse. Sie wollen pur getrunken werden.
Seit einigen Jahren haben sich allerdings die Fertigmischungen von Korn mit Zitrone und ähnlichem sehr durchgesetzt. Berentzen Appel wurde zur meistgetrunkenen deutschen Spirituose.

Liköre: Lieblinge der Zunge
In der Angebotsliste eines großen Delikatessengeschäftes fand ich 80 verschiedene Liköre verzeichnet, und auf der ganzen Welt wird es an die 1000 geben: Spirituosen mit Zuckerzusatz, die

mit Kräutern, Früchten, Blumen, Gewürzen, Tee oder Kaffee aromatisiert sind, einen Alkoholgehalt von mindestens 20 Prozent (Eierlikör) bis zu 56 Prozent (Escorial Grün) haben und von Abacate (brasilianischer Birnenlikör) über Mesimarja (finnischer Himbeerlikör) und Southern Comfort (US-Mischung aus Pfirsichen und Bourbon Whiskey) bis zu Wu Dja Pi (chinesischer Kräuterlikör) reichen.

Ein alter Bekannter und seine Familie

Bei den Mixgetränken haben wir oft den Curaçao triple sec getroffen, der vielen Drinks sein unvergleichliches Aroma mitgibt. Die Curaçaos gibt es in vier Farben (Klar, Orange, Grün und Blau). Sie werden auf Pomeranzen- und Orangenbasis hergestellt, und der Zusatz »triple sec« bedeutet 38 Alkoholprozente mindestens. Hierher gehören auch der Cointreau, der Grand Marnier und der italienische Aurum. Weitere Zitruslikòre: der Pomeranzen Grün, Orange Brandy, Blutorange, Mandarin und der Zitronen-Eis-Likör.

Flüssige Früchte

Den größten Anteil stellen die Fruchtliköre, die entweder als dickflüssige, sehr süße Cremes (Beispiel Crème de Bananas), als normale Liköre oder als Brandys (ein Cherry Brandy ist in Deutschland ein Kirschlikör mit Zusatz von Kirschwasser, ein Apricot Brandy entsprechend) auf dem Markt sind. Man kann sich durch den ganzen Obstgarten trinken. Vom Apricot zum Edelkirsch, vom Feigenlikör zur Erdbeere, vom Waldhimbeerlikör zum Likör aus sibirischen Moosbeeren, von der echten Kroatzbeere zum Cassislikör, der bei uns auch schwarzer Johannisbeer heißt, von der Blaubeere bis zum Birnenlikör, vom Peach Brandy zum Maraschino.
Mitte der achtziger Jahre wurden die Liköre schrill farbig und zum großen Teil schwach alkoholisch (um 20 Prozent) und stark fruchtig schmeckend. Der Curaçao blue kam wieder in Mode, zartgrün sind die Kiwiliköre, tropischgrün die diversen Bananenliköre, zu denen auch der Pisang Ambon gehört. Rot sind Kirsberry (Kirsche) und Granatapfellikör. Pink sind die Melonenliköre. Gelb ist der sehr fruchtige Pecher Mignon (Pfirsich), wasserklar der noch fruchtigere Monin Triple Lime (Limette).

Kräuter sind gesund

Auf der Gesundheitswelle sind die Kräuterliköre nicht schlecht gefahren, denn sie hatten außerdem noch einen Geschmackstrend zum Bitter-Süßen für sich. Hier gibt es eine Menge bekannter Namen. Echt Stonsdorfer (43 Kräuter), Jägermeister (56 Kräuter), Sechsämtertropfen (Vogelbeere und 25 Kräuter), der Halb und Halb (Gewürze und Kräuter), der Dokator (über 30 Kräuter und Gewürze) und der Leibwächter (58 Kräuter). Die ganze Vielfalt der Kloster- und Abteiliköre gehört in diese Gruppe, der Jacobiner und der Meisterlikör ebenso wie der Mampediktiner, der Escorial Grün und der mit der gelben Farbe, der Bénédictine D.O.M., der Chartreuse, ebenfalls Gelb und Grün (gibt 130 Zutaten an), der Izarra Gelb (Kräuter plus Honig plus gebrannte Trauben) und der ostdeutsche Krambambuli, der auf Angelikawurz und Veilchen basiert.

Kaffee, Tee, Schokolade und Sahne

Auf Kaffeebasis gibt es die recht süßen Kahlúa aus Mexiko und den Tia Maria aus Jamaika. Dazu kommen die deutschen Türkisch Mokka, Kosaken-Kaffee und der Zaren-Kaffee (sehr intensiv).

Italien steuert einen Caffè Corretto bei. Der Tiffin Teelikör aus Darjeeling-Tee (Riemerschmid) ist einzigartig, denn der grüne parfümierte japanische Teelikör, den es noch gibt, schmeckt genausowenig nach Tee wie der Tee in Japan.
Neben Kakao mit Nuß und Crème de Cacao gibt es einen deutschen Schokoladenlikör (Verpoorten Chocolade) und einen Schweizer Chocolat Suisse, in dem Schokoladenstückchen schwimmen. Dazu kommen die neuen Sahneliköre, deren bekanntester der Bailey Irish Cream ist.

Aus der Fülle schöpfen

Noch einige bemerkenswerte Liköre sollen hier (ganz unsystematisch) vorgestellt werden: Der Pfefferminz oder Crème de Menthe, meist grün, manchmal weiß. Ihm gebe ich eine Zukunft. Der Drambuie aus schottischem Whisky und Honig und der Irish Mist aus irischem Whiskey und Honig, der strenger im Geschmack ist. Beide darf man mit einem kleinen Schuß Whisk(e)y herber machen; der erfrischende Anisette mit Anis-Aroma, die Cordials aus Weinbrand und Kräutern, und das Danziger Goldwasser, ein Gewürzlikör, in dem Blattgoldteilchen schwimmen.

Wie man sie trinkt

Ein warmer Likör ist meist kein Genuß. Trotzdem müssen wir die Flasche nicht tagelang im Eisschrank aufbewahren. Mir schmeckt er so immer am besten: Den Schwenker – benutzen Sie auch bei Likören einen Schwenker, damit sich ihre ganze Fruchtigkeit, ihr volles Aroma entwickeln kann – mit einem Eiswürfel ausschwenken, bis er beschlägt (oder für 30 Minuten ins Eisfach des Kühlschrankes stellen), und dann den zimmerwarmen Likör eingießen. Durch das Zusammentreffen von kalt und lau gibt der Likör vor Schreck sein Aroma preis – und Ihre Nase und Zunge haben den Nutzen davon.
Sehr aromastarke Liköre darf man »on the rocks« trinken (mit Fruchtlikören und Curaçaos ausgesprochen »in«), man muß sich nur vor dem Zuviel hüten.

Obstbrände: Geister in der Flasche

Es ist schon verzwickt mit den gesetzlichen Begriffsbestimmungen: Wasser dürfen sich Obstschnäpse nur dann nennen, wenn sie ausschließlich aus der vollen vergorenen Frucht ohne Zusatz von Zucker, zuckerhaltigen Stoffen oder fremdem Alkohol gewonnen worden sind. Wasserwürdig sind folgende Obstarten: Kirschen, Zwetschgen, Mirabellen, Pflaumen, Schlehen, Aprikosen, Pfirsiche.
Beeren haben selber so wenig Zucker, daß man aus ihnen nach den gesetzlichen Wasserbestimmungen keinen vernünftigen Schnaps brennen kann. Deshalb macht man aus ihnen Geist.
Geiste sind Obstschnäpse, bei denen die Früchte in Alkohol geweicht und mazeriert werden. Bei der folgenden Destillation wird Alkohol zusammen mit dem gesamten Fruchtaroma in den betreffenden Obstgeist umgewandelt.
Schnäpse aus Birnen und Äpfeln dürfen sich weder Geist noch Wasser nennen, sondern sind als Branntweine klassifiziert. Aber nur bei uns, weil hier – bis auf wenige Ausnahmen, die durch die Modewelle des Birnenbrandes entstanden sind – nur grobe, bäuerliche Apfel- und Birnenbrände hergestellt wurden, die, nicht klassifiziert, unter Obstler laufen. In der Schweiz dagegen ist der Birnenbrand zu einem der edelsten Schnäpse

entwickelt worden, in seiner Herstellung sozusagen ein Wasser-Geist: denn zuerst wird aus Früchten der Alkohol gewonnen, in dem wieder Früchte angesetzt und nochmals destilliert werden. In Frankreich haben der Calvados, in England der Apple Brandy höchste Qualität erreicht. Wir wollen uns an dieser Stelle aber nicht mit weiteren Spitzfindigkeiten des Gesetzes aufhalten, zum Beispiel damit, daß ein nach der Geistmethode hergestellter Mirabellenschnaps nicht Mirabellengeist heißen darf, weil die Mirabelle keine zukkerarme Beerenfrucht ist, und wir werden auch nicht entrüstet sein, wenn man in der Schweiz von Birnengeist redet. Wir wissen Bescheid. Die Hauptsache bleibt schließlich, daß der Gesetzgeber den Panschern und Pfuschern auf die Finger guckt.
Sie alle aufzuzählen, die Brände, Geister und Wasser, würde den Rahmen dieser Steckbriefe sprengen. Es gibt viele Landesspezialitäten und viele Qualitäten. Bis hinauf zu den 10 Jahre gelagerten, bei 78 Grad C (der niedrigsten Temperatur, die überhaupt noch möglich ist) gebrannten Wassern, die selten und teuer sind. Mit niedriger Temperatur brennen heißt: geringe Ausbeute bei um so größerer Qualität.

Wie man sie trinkt

Aus großem Glas, das man leicht erwärmt hat. Der Obstbrand sollte sehr kalt sein. Wenn Obstbrand und Glas zusammentreffen, löst sich der Duft, der bei guten Bränden ein ganzes Zimmer füllen kann.
Calvados dagegen serviert man zimmertemperiert in einem Cognacschwenker, den man in der Hand erwärmt.
Slibowitz, das jugoslawische Pflaumenwasser, wird gut gekühlt aus zylindrischen Spezialgläsern getrunken. Man atmet erst das Wölkchen von Pflaumenduft ein, das sich oben im Glase sammelt, dann schmeckt man die fruchtige Kraft des Alkohols.
Alle Obstbrände sollte man möglichst pur trinken und wenig mit ihnen mixen. Sie sind zu schade dafür. Sie sind im übrigen alle gute Begleiter zu Kaffee.

Rum: Elixier der Tropen

Man sollte Rumsorten sammeln: der duftende Trunk aus der Karibischen See ist keineswegs nur ein Anti-Schnupfen-Mittel, das man nur heiß trinken kann. Am bekanntesten ist bei uns der Jamaika-Rum-Verschnitt, der sich besser als alle anderen Rumsorten für Grog eignet. Er ist so aromastark und seit vielen, vielen Jahren speziell für diesen Zweck hergestellt worden, daß er gerade durch den Verschnitt (so nennt man Schnäpse, die neben dem Alkohol, nach dem sie benannt sind, noch neutralen Alkohol enthalten) ein ausgezeichnetes geschmackliches Gleichgewicht erhielt. Und da 70 Prozent des in Deutschland getrunkenen Rums für Grog verwendet werden, ist hierzulande in der Volksmeinung Rum mit Jamaika-Rum-Verschnitt identisch. Diese allgemeine Rum-Verwirrung kommt nicht zuletzt daher, daß viele Rumhersteller und -importeure versuchen, ihren Rum in Rezeptheften als Allround-Getränk zu preisen. Wir sollten uns aber klar darüber sein, daß »echter« Rum und Rum-Verschnitt zwei verschiedene Getränke sind, und daß es neben dem Jamaika-Rum noch den westindischen dunklen und den weißen Rum gibt. Man sollte von jedem eine Flasche zu Hause haben.

Wie man ihn trinkt

Echter Jamaika-Rum, von stark aromatischem, kräftigem Geschmack, zum Würzen, zum Tee, zum Pur-Trinken, für Cocktails oder Feuerzangenbowle.
Jamaika-Rum-Verschnitt für Tee, Grog und Punsch.
Westindischer Rum und Rum von der Insel Réunion zum Würzen von Desserts, Kuchen und Fruchtsalaten, zum Flambieren, als Longdrink und für Cocktails, da blumig und leicht süßlich.
Weißer Rum von den Antillen oder aus Mexiko, von leichtem, zartem Aroma, für Cocktails, Longdrinks und kalte Punsche. Es ist übrigens ein Irrtum zu glauben, daß heller Rum schlechter sei als dunkler, und eine noch größere Täuschung, den billigen österreichischen »Inländer« für Rum zu halten. Das ist lediglich Sprit mit künstlichem Rum-Aroma.

Whisky: der Verheiratete der Schotten

Wenn wir Whisky sagen, meinen wir Scotch, jenes komplizierte Produkt aus schottischem Quellwasser und vielen Malz- und einigen Korn-Whiskies, die nach der Reifung miteinander vermischt, richtiger gesagt verheiratet werden. In dieser Ehe ist der Malz-Whisky der Träger des Aromas. Und je mehr und je besser ausgereifte Malz-Whiskies ein »Blend« (das ist das, was wir trinken) enthalten, um so voller und aromatischer schmecken sie und um so teurer sind sie. Es lohnt sich bei Whisky schon – wenn man ihn pur trinkt –, einen der Spitzen- oder De-Luxe-Blends zu kaufen. Oder direkt einen Single Malt, für den man nicht mehr nach Schottland reisen muß. Etwa fünf Dutzend werden inzwischen bei uns angeboten. Um die alten Raritäten muß man sich allerdings bemühen.
So ein Whisky soll nach Torf, Blumen und Alkohol schmecken, und er darf nicht bitter sein. Man trinkt ihn mit Zimmertemperatur und aus kräftigem Glas, das man in der Hand etwas erwärmt. So sagen es die Engländer, die aber auch das Bier wärmer trinken als wir. Das kommt wohl vom klammen Klima. Auch für uns richtig: Je besser der Whisky, desto weniger sollte man ihn abkühlen oder verdünnen; je derber, desto milder kann man ihn mit Wasser machen. Wer Whisky mit Soda, Cola, Ginger Ale, Fruchtsaft oder als Cocktail trinkt, braucht keinen Nobel-Whisky, da diese Beigaben sein feines Aroma völlig überdecken. Man sollte sich als Mix-Whisky einen besonders kräftigen, fast derben, aussuchen.

Welcher Whisky ist der beste?

Die einfache Antwort: der, der Ihnen am besten schmeckt. Das heißt, Sie sollen probieren. Das Angebot ist groß, wobei die Geschmacksdifferenzen, auch wenn auf den ersten Schluck nicht leicht erkennbar, doch beachtlich sind. Auch hier ist es empfehlenswert, sich an bekannte Marken zu halten, besonders, da wir in einem Land leben, in dem der Alkohol sehr, sehr preiswert ist. (In der benachbarten Schweiz kostet eine Flasche Whisky fast doppelt soviel wie bei uns.) Klageschrei eines Whisky-Wasser-Trinkers: »Was macht man mit verchlortem Wasser?« Antwort des Fachmannes: »Man kann Wasser durch mehrmaliges Umgießen entlüften!« Wem das nicht genügt: Es gibt gutes kohlensäurefreies Wasser in Flaschen, sogar echtes schottisches Quellwasser.

Steckbriefe der Getränke

Wodka: Genuß ohne Fahne

Wodka ist sozusagen das Gegenteil aller anderen Schnäpse: er soll völlig geschmacklos sein. Die Probe aufs Qualitätsexempel: etwas Wodka auf dem Handrücken oder Daumenballen verreiben. Ist der Alkohol verflogen, darf es nach nichts mehr riechen. Wodka ist das Getränk für alle, die am Schnaps den Alkohol am meisten lieben. Der jeweilige Rohstoff, aus dem er gebrannt wird – ob Kartoffeln oder Getreide –, hat nichts mit der Qualität zu tun. Wichtig ist nur der Reinheitsgrad. Er muß mehrmals gefiltert werden, bis er atemraubend rein ist. Die Heimat des Wodkas ist Rußland, doch wird er nach altrussischen Rezepten auch bei uns hergestellt und manchmal ein ganz klein wenig parfümiert.

Wie trinkt man Wodka?

Eiskalt. Man soll nichts als die Stärke des Alkohols schmecken. Deshalb ist Wodka kußecht, denn er hinterläßt keine Fahne; außerdem frißt er Knoblauchgeruch auf. Man darf Wodka kippen, denn zu schmecken gibt es nichts.

Mit Wodka mixen?

Er verstärkt alle anderen Getränke, ohne sie geschmacklich zu verändern. Die Zunahme der Wodka-Cocktails beweist, daß viele Leute zwar Gemixtes wollen, aber oft den Geschmack der anderen Schnäpse nicht mögen. Denn ein Wodka-Martini ist geschmacklich nichts anderes als ein alkoholstarker Wermut, ein Wodka-Tonic ein Tonicwasser mit Alkoholgehalt, und ein Screwdriver ein alkoholisierter Orangensaft. Man kann mit Wodka Cola alkoholisieren, ohne den Alkohol sonderlich zu schmecken und so weiter. Wodka paßt sich immer an.

Pernod und Tequila: ein starkes Nachwort

Der übergeordnete Begriff für die französischen Absinth-Nachfolger und Anisgetränke ist Pastis. Hier gibt es die zwei französischen Brüder Pernod (Fenchel als Zusatzgewürz) und Ricard (mit Lakritze), die beide die alte gelbgrüne Absinthfarbe haben. Ihr griechischer Vetter Ouzo ist farblos und herb im Geschmack. Der Raki des Mittleren Ostens ist ebenfalls farblos wie der Arrak des Nahen Ostens.

Alle werden mit Wasser verdünnt getrunken, und alle haben die Eigenschaft, das Wasser milchig zu färben. Immer ist der Pastis zuerst im Glas, dann erst kommt das Wasser dazu; in Griechenland die dreifache, in Frankreich die vierfache und à la Marseille die fünffache Menge. Das Wasser soll eiskalt sein, der Pastis nicht, da bei minus 8 Grad das Anisöl in der Flüssigkeit kristallisiert.

Der Tequila, Nationalgetränk Mexikos, wird aus dem Saft der Maguey-Agave gewonnen, der vergoren und zweimal destilliert wird. Tequila Fino nennt man den weißen, einige Monate alten; Tequila Espuela ist mehrere Jahre abgelagert und hat eine leichte Bernsteinfarbe.

Tequila trinkt man so

Man streut auf den linken Handrücken neben den Daumen etwas Salz. Man nimmt das Glas mit dem gekühlten Schnaps in die rechte Hand und trinkt einen Schluck. Dann leckt man Salz, stellt das Glas hin und träufelt sich aus einer geviertelten Limette (Zitrone geht auch) etwas Saft in den Mund. Diese Reihenfolge nennen die Mexikaner den »wahren Himmel«. Andere Methode: Man hat zwei Gläser vor sich, eines mit kaltem Sangrita picante, das andere mit eiskaltem Tequila. Beide nehmen und zuerst Sangrita, dann Tequila trinken. Dabei kann man längere Zeit bleiben.

Macht Pernod impotent?
Wer ein zweites Glas Pernod trinkt, dem wird mit Sicherheit die Frage gestellt: Haben Sie denn keine Angst, impotent zu werden? Übrigens galt auch der Wermut in Deutschland lange Zeit als Anti-Aphrodisiakum: Wermut wehrt dem Mut und vertreibt die Lust und Begierde zu den ehelichen Werken. Ein durch nichts bewiesener Irrglaube, der bei Pernod auf die schlimmen Geschichten über den Absinth (Henri Louis Pernod war zu Napoleons Zeiten der erste industrielle Absinth-Hersteller) zurückzuführen ist, dessen gefährlichster Bestandteil das Wermutkraut gewesen sein soll. In Wirklichkeit aber waren es die großen Alkoholmengen, die die Absinth-Trinker zu sich nahmen. Wir wissen es heute genau: Pernod macht ebensowenig und ebensosehr impotent wie Korn oder Cognac. Merksatz: Die alkoholische Impotenz dauert genauso lange wie der Rausch.

Schnaps schlägt sich, Schnaps verträgt sich

Der alte Trinker-Grundsatz »Man soll bei einer Sorte bleiben« stimmt nur bedingt. Es macht keinen Schaden, wenn man Schnäpse einer Gattung durcheinander trinkt.
Wenn wir eine grobe Ordnung der harten Getränke aufstellen, dann gehören zusammen und vertragen sich
Die Getreide-Familie: Aquavit, Bourbon Whiskey, Gin, Genever, Korn, Steinhäger (Wacholder), Whiskey aus Irland und Whisky aus Schottland.
Die Wein-Familie: Armagnac; Brandies aus Spanien, Portugal, Griechenland, Israel, Kalifornien und Rußland; Cognac; Pisco aus Peru; Weinbrand aus Deutschland; Vinjak aus Jugoslawien.
Die Obst-Familie: Apfel (Apple Jack, Calvados, Gravensteiner), Birne, Himbeer, Kirsche, Mirabelle, Pflaume (Slibowitz, Quetsch, Pflümliwasser), Aprikose (Barack Palinka) und so weiter.
Die Zuckerrohr-Familie: Aguardente und alle Sorten Rum.
Die Traubenreste-Familie: Grappa, Marc und Tresterschnaps.
Wodka kann aus Getreide oder Kartoffeln gebrannt sein, das ist in der Qualität kein Unterschied. Bei ihm kommt es auf die Reinheit an. Deshalb paßt Wodka zu allen Schnäpsen. Er beißt sich nicht, er erhöht nur die Promille.
Liköre, ob süß oder bitter, vertragen sich untereinander nicht. Sie sind nicht zum Vieltrinken gemacht, weil ihr Zucker Kopfschmerzen anlacht.

Weitere feuchte Ratschläge

Ausnahme der Verwandten-Regel: Scotch Whisky und Bourbon Whiskey mögen einander nicht. Auf Whiskey noch Bier zu trinken, kann den Whiskey-Rausch erstaunlich schnell verstärken. Ansonsten ist Bier ein gutes Abschlußgetränk für jeden Abend. Der Spruch »Bier auf Wein, das lasse sein!« stimmt nicht. Eher sollte man auf Bier keinen Wein trinken. Doch nicht wegen der Verträglichkeit, sondern weil der Hopfen die Zunge für den Wein unempfindlich machen kann.
Portwein, Sherry, Madeira sollte man für sich trinken und nicht von einem zum anderen wechseln. Auch sollte man sie nicht nach oder zwischen Schnäpsen trinken.

Register der Zutaten

Register der Rezepte

Kursiv gesetzte Seitenzahlen verweisen auf Abbildungen.

Register der Rezepte

Register der Rezepte

Bücher für Feinschmecker. Von Eva und Ulrich Klever.

GU Gräfe und Unzer

Das große GU Buch der Fondues
Das umfassende Fonduebuch. Rat und Rezepte für Fondues aus aller Welt – von der Ur-Käsefondue über Fleisch- und Fischfondues bis zur Fondue als Dessert. 138 S., 18 Farbf., Zeichng. Farb. Glanzeinband.

Das große GU Buch der Salate
Ulrich Klevers beste Rezept-Ideen aus aller Welt – in 1001 Variationen. Salate für jeden Tag, für Gäste und Feste, als Mahlzeit zum Schlankwerden, als Dessert, und, und, und... 162 S., 18 Farbf., Zeichng. Farb. Glanzeinband.

Das große GU Buch vom Brot backen
Reizvolle und verlockende Brotrezepte aus aller Welt. Alltagsbrötchen, Vollkornbrote, Festtagsbrote, Gebildebrote, und, und, und... Selber Brot backen – mit diesem Buch gelingt's leicht, in jedem Backofen. 132 S., 12 Farbf., Zeichng. Farb. Glanzeinband.

Selber Brot backen
Bewährte Rezepte für knusprigfrische Brotgenüsse, die leicht gelingen. 72 S., viele Farbf. Zeichng. Paperback.

Mixgetränke mit und ohne Alkohol
Original-Rezepte – klassisch und modern. 56 S., viele Farbf. Zeichng. Paperback.

Reizvolle Fondue-Rezepte
fürs Eßvergnügen in geselliger Runde. 72 S., viele Farbf., Zeichng. Paperback.